名师
作业设计
新思维

数学卷

雷丰珍 编

y

A

60°

z

C

30°

B

x

华东师范大学出版社
全国百佳图书出版单位
·上海·

图书在版编目（CIP）数据

名师作业设计新思维.数学卷／雷玲主编.—上海：华东师范大学出版社，2016

ISBN 978－7－5675－5849－6

Ⅰ.①名... Ⅱ.①雷... Ⅲ.①数学课—学生作业—教学设计—中小学 Ⅳ.①G633

中国版本图书馆 CIP 数据核字（2016）第 273575 号

大夏书系·教学艺术

名师作业设计新思维（数学卷）

主　　编	雷　玲
策划编辑	李永梅
审读编辑	卢风保
封面设计	奇文云海·设计顾问

出版发行　华东师范大学出版社
社　　址　上海市中山北路 3663 号　邮编　200062
网　　址　www.ecnupress.com.cn
电　　话　021－60821666　行政传真　021－62572105
客服电话　021－62865537
邮购电话　021－62869887　地址　上海市中山北路 3663 号华东师范大学校内先锋路口
网　　店　http://hdsdcbs.tmall.com

印 刷 者　北京密兴印刷有限公司
开　　本　700×1000　16 开
插　　页　1
印　　张　15.5
字　　数　246 千字
版　　次　2017 年 1 月第一版
印　　次　2023 年 2 月第八次
印　　数　21 101–24 100
书　　号　ISBN 978－7－5675－5849－6/G·9930
定　　价　45.00 元

出 版 人　王　焰

（如发现本版图书有印订质量问题，请寄回本社市场部调换或电话 021-62865537 联系）

目录 Contents

第二篇 创新作业

第三篇　个性作业

1

有效作业

　　"以学定教"使我们的课堂在转型,"以学生的学习为中心来组织教学"则使我们的作业在转型。今天的教师,应该把培养学生学习的兴趣,挖掘学生的潜力,提升学生分析和解决问题的能力放在突出位置,设计出形式多样、学生乐于接受的有效作业。

　　有效的作业设计不仅关注学生对知识要点的掌握程度,而且关注学生能否运用相关知识解决实际问题,关注对学生的实践能力和创新能力的培养,关注学生情感、态度、价值观生成的意向和程度,关注学生的可持续发展、终身发展,使不同层次的学生均能得到充分的发展。

　　"教者有心,学者得益。"作业是课堂教学的延伸,精而细的优化设计,可以最大限度地拓展学生的减负空间,真正将"轻负优质"教育落到实处。"有效作业设计"将成为一道亮丽的风景。

有效作业的"六性"和"六渗透"

北京市海淀区育英学校　田立莉（特级教师）

作业是学习的重要组成部分，是学生进一步理解知识，形成技能技巧、积极的情感和态度，获得深层次发展的有效途径，同时也是学生彰显个性的舞台、师生沟通的桥梁。

学习的内容是现实的，是有意义和富有挑战性的，作业作为教学的拓展和延伸，也应充满智慧和挑战。要想做到这一点，教师就要深入钻研教材，挖掘隐藏在教学内容中的教学思想，精心设计作业，力求突出"六性"和"六渗透"。

一、六性

1. 现实性

作业要力求贴近生活，这样有利于激活学生已有的生活经验，让学生在作业中体验数学自身的魅力，从而减轻学生学习的枯燥心理负担，培养学生对数学的情感和应用数学的能力。

教五年级学生"分数的再认识"，考虑到小学阶段学生思维能力还处在具体思维阶段，他们对于分数这样的抽象概念，即使学过，也不是那么清楚，我在进行作业设计时，结合现实生活中分数概念无处不在的实际，采取了还原生活场景的方法，并作适当延伸，让学生在熟悉的生活中再认识与分数相关的概念。如题：

1. 又到课外活动的时间了，看同学们玩得多开心，跑步的占全班的

$\frac{1}{4}$，跳绳的占全班的$\frac{2}{8}$，踢球的占全班的$\frac{3}{12}$，跳高的占全班的$\frac{4}{16}$。

（1）说一说各分数的含义。

（2）想一想，会发现什么？

2. 小刚、小明和小林跑同样长的一段路，他们分别跑完全程的$\frac{1}{3}$、$\frac{2}{3}$和$\frac{5}{6}$，你能在直线上表示出来这些数吗？

起点 |ㅤㅤㅤㅤㅤㅤㅤㅤㅤㅤㅤㅤㅤㅤㅤㅤㅤㅤㅤㅤ| 终点

3. 老师把12根跳绳平均分给了跳绳的两个小组，每个小组分到的跳绳是跳绳总数的几分之几？其中一根跳绳是跳绳总数的几分之几？

4. 老师将4块蛋糕平均分给了3个人，每个人分到了多少块呢？

题目设计贴近现实，熟悉的生活场景使学生很容易找到做题的突破点，轻松地掌握分数的相关概念，加深对分数的再认识。

2. 趣味性

小学生的好奇心比较强，他们对枯燥的计算和纯文字的应用题兴趣不大。要想让学生对数学产生兴趣，数学题目必须新鲜、好玩、有趣，这样学生才愿意动脑筋。

教四年级"小数比大小"，我在编排作业时，尽可能地提供内容有趣的题目，打破常规的两个数比大小的枯燥形式，设计了有趣的扑克牌游戏，具体如下：

每张扑克牌背后是1～9当中的一个，现在这些扑克牌组成的两个数谁大谁小呢？

如果让小数点参加进来又会怎样呢？

右边数的小数点由你支配，两个数的大小会出现什么情况呢？

这个游戏，全体学生都喜欢参与，每一个学生积极思考，个个争着发言，气氛十分活跃。学生在玩中不仅进行了小数的比大小，而且复习了整数的比大小，学生真是乐此不疲。

3. 差异性

由于每个学生的知识水平不同，对同一问题的理解和把握也不相同，教师编制作业时，要兼顾学生间存在的差异，允许学生自主选择题目，满足学生多样化的学习需求。以"小数比大小"为例。

三名选手的成绩：A 为 3.84 米，B 为 4.01 米，C 为 3.89 米。
认真看，你们知道了什么？

（1）学生确定第一名为 B，请说明理由（感知整数部分的比较）。

（2）进一步谈及谁是第二名时，会引发小的争论(学生分类思想的形成)。请学生说说自己的看法，促使全班达成共识。

（3）教师针对如果 C 是第二名，引导大家挖掘小数大小的比较方法。

板书：3.89   3.84

问：那你们能用充分的理由说明 3.89 比 3.84 大吗？

汇报时可能出现：①单位转化思想，389 厘米 >384 厘米；②联系整数思想（同时扩大相同倍数），389>384；③计数单位的角度，389 个百分之一 >384 个百分之一，或（只看百分位）9 个百分之一 >4 个百分之一；④做减法，求差，3.89 比 3.84 多 0.05（5 个百分之一）。老师加以肯定后，板书大于号。

（4）如果 C 是第三名，C 的成绩可能是多少米？（如 3.09 米～3.79 米）

问题的开放性，能够使每个学生都有的说，有的讲，满足了学生的不同需要。学生在相互交流中对小数比大小的方法，理解得更加透彻。

4. 探究性

以灵活的方式编制题型，让学生独立探索，多向思考。这种题型的设计，为学生提供了充分施展才华的机会，不仅培养了学生的自主探究能力，还提高了学生的数学语言表达能力。

在四年级"运算定律"的教学中，我力求帮助学生养成认真思考的好习惯，让学生学会探究的方法，并能总结规律。学生经过探索，不仅"知其然"，而且"知其所以然"。对于算式规律的探索，我作了如下的设计：

1. 算一算。

　　1+121×9　　2+232×9　　3+343×9　　4+454×9

　　我发现了什么？ _____。

2. 37×3=111　　　　　　　13×7=91

　　37×6=222　　　　　　　13×14=182

　　37×9=333　　　　　　　13×28=（　　）

　　37×（　　）=444　　　　13×35=（　　）

　　37×（　　）=555　　　　13×42=（　　）

　　37×（　　）=666　　　　13×49=（　　）

　　37×（　　）=（　　）　　13×（　　）=（　　）

3. 拓展延伸，发现和、积、差的不变性。

　　商的不变性：a÷b

　　　　　　　　=（a÷n）÷（b÷n）

　　　　　　　　=（a×n）÷（b×n）

　　积不变　　　和不变　　　差不变

　　6×8=48　　7+8=15　　15-5=10

　　3×16=48　　1+14=15　　14-4=10

　　2×24=48　　2+13=15　　12-2=10

　　用字母表示积、和、差的不变性。

　　这样的习题练习，使学生在情动的计算中，认识到数学的规律美，体会其中蕴含的数学推理，他们个个主动学习，兴趣盎然。

5. 开放型

　　数学作业要有开放性，教师应挖掘数学思想方法，引进一些具有现实意义、思考价值的开放题——条件开放题、问题开放题、结论开放题及多解题。允许学生根据自己的认知水平和生活经验作出不同的解答，给学生的创新思维创设一个更广泛的空间。

　　如在教学"单式折线统计图"时，我让学生课前读图解意，获取信息，概括特点。阅读折线统计图是学生自主获取知识的一种学习过程——它不仅是读的过程，而且是动口、动手、动脑有机结合、统一协调的过程。在这个过程中，教师把学习的主动权交给学生，放手让学生去读、去发现、去交流，给予了学生思考的空间。学生借助已有的条形统计图的知识和经验，将折线统计图的新知识纳入原有的知识体系，完成了对折线统计图作用及特点的知识构建。

（1）读图解意。引导学生对教师（教材）提供的信息作出分析，理解把生活化问题转化成数学问题的过程，形成初步的信息认读能力、分析能力与处理信息并合理预测的能力。

（2）获取信息。引领学生应用所获信息解决一些简单的实际问题，形成初步的策略意识（如根据数据变化的趋势才能作出科学、合理、符合实际的预测等）。

学生的学习方式：

对于图1，学生经过独立看图，搜集相关信息后进行组内交流，得出进一步的全面认识，最终以组为单位进行汇报。

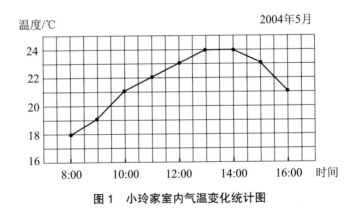

图1　小玲家室内气温变化统计图

对于图2，在学生有了阅读图1的经验之后，让学生采取独立读图、简答，然后汇报的方式来学习。

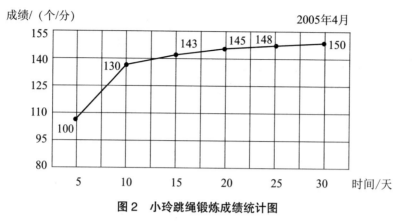

图2 小玲跳绳锻炼成绩统计图

（3）概括特点。在学生完成对两幅图的理解后，教师对学生进行引导：你们是不是对折线统计图又有了进一步的认识？能说说它有什么特点吗？（根据学生理解的情况决定是否需要安排小组互相说说。）

①看图，说说小玲每隔几个小时测量一次气温。

②这一天从8:00到16:00的气温从总体上说是如何变化的？

③你还能提出什么问题？

④小玲锻炼中哪一阶段成绩提高最快？哪一阶段成绩提高比较缓慢？分析其原因。

⑤估计小玲第8天的成绩约是多少，达到每分135个大约是在第几天？

教师把思维时空留给学生，学生展开思维的翅膀尽情地想象，形成数学思想，掌握数学方法，扩宽解题策略。经过训练，学生遇到这样的题就能从不同的角度思考，形成数学思考的好习惯。

6. 提升性

促进学生情感、态度、价值观的不断升华，是数学所追求的目标。要达成这一目标，就需要使学生在获取数学知识的同时能够增长见识，满足成长的多方面需要。

对于连加，二年级学生掌握了三个数的连加，还能进行简便计算。为了更好地提高学生的计算能力，发展学生的计算技巧，提升其对多数相加的认识，我设计了下面的练习。

节日那天，少先队倡议同学们为希望小学捐书，各年级所捐数目如下图所示。（学生默读统计图）

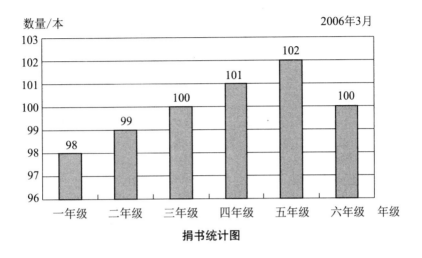

捐书统计图

问题：比一比，赛一赛，看谁能在3分钟以内，写出多个连加算式，并算出得数。

98+99+100=   98+100+101=

100+101+102=   98+99+100+101=

100+101+102+100=   98+99+100+101+102+100=

这类题，可以使学生集体达到共同的学习目标，也可让超前生有所发展，全体学生都喜欢做。

二、六渗透

1.渗透化归思想

化归思想是指把要解决的数学问题转化成已经解决或容易解决的问题的思维方式，根据已有的知识、经验，通过观察、比较建立新旧知识间的联系，达到化新为旧、化难为易，从而解决问题。

（1）用多种方法计算，感悟计算方法之美。

$$1+3+5+7+9+11+13+15+17+19=$$

$$2+4+6+8+10+12+14+16+18+20=$$

（2）发现新规律，运用新规律，感悟数学计算之妙。

$$1+2+1=4$$

$$1+2+3+2+1=9$$

$$1+2+3+4+3+2+1=16$$

$$1+2+3+4+5+4+3+2+1=25$$

$$1+2+3+\cdots+99+100+99+\cdots+3+2+1=$$

（3）你能用简便方法计算下列各题，并快速说出答案吗？（目的是检查学生对简便方法的掌握情况。）

$$3.48+（2.42-1.48）= \qquad 28.06-（3.65-0.94）=$$

$$12.04-（6.04-0.55）= \qquad 11.8+9.9=$$

$$2.35+2.2+（0.65+7.8）= \qquad 31.2-17.8=$$

探究算式中隐含的规律，再引导学生思考与交流，并应用发现的算式规律，使学生感受数学规律的应用价值。

2.渗透数形结合思想

数形结合思想就是沟通数（数量关系）与形（空间图形）的联系来形成数学概念或寻找解决问题的途径的思维方式。

在教学"分数的意义"时，我力求将数与形结合，让学生去发现问题、解决问题，从而认识分数的意义。

如题：

每人 1 块糖，够不够？

糖分别装在 4 个口袋里，每个口袋里的糖的数量不一样，袋子上贴有不同的图形（饼状图），图形里藏着问题，如果想知道里面装有多少块糖，必须先回答对这个问题。老师请 4 位同学代表分别拿着 1 个口袋到讲台上。老师对第一个学生说：请你拿出跟红色部分所表示的数字同样多的糖。老师悄悄告诉他：请你拿出 3 块。然后依次让后面的 3 个同学分别拿出与涂色部分所表示的数字同样多的糖，老师悄悄地告诉他们：请你们每人也拿出 3 块。

老师没有直接告诉他们 3 块糖所对应的分数是几，而是需要学生从图形中先读出分数，这时老师指着第一个袋子可以这样问学生：谁知道他拿出的糖是这个袋子里的几分之几？学生答 $\frac{1}{2}$。再依次问出其他三个袋子上的分数。

这种数与图形的结合，直观形象，有利于照顾全体，让每一层次的学生都有所发展，特别是让那些理解能力差的学生思维上够得着，不至于看热闹。

比如有的同学可能会这样算：$\frac{1}{2}$ 是 3 块，图形里有 2 个 $\frac{1}{2}$，就是 6 块，所以第一个袋子里有 6 块糖。依此类推。

而有的学生可能这样算：$\frac{1}{2}$ 占图形中两份中的 1 份，1 份是 3 块，2 份就是 6 块。依此类推。

最后学生通过计算，得出每人 1 块够不够的结论。

让三年级的学生借助直观图形深化对分数意义的理解，进一步体会数与图形结合的思想。

3. 渗透符号化思想

符号化思想是用数字、字母、图形等数学符号来表示数量关系的思维方式。

学生数感的建立不是一蹴而就的，是在学习过程中逐步体验而建立起来的。在教学五年级"用字母表示数"时，我十分注意渗透符号化思想，培养学生的符号感，让学生经历"具体事物—符号化表示—数学的表示"这一逐步符号化、形式化的过程。如：

小明年龄（岁）	10	11	12	15	20	…
妈妈年龄（岁）	38					…

2	3	4	9	3	...	
3	5	7	10	7	...	
7	11	15	28	13	...	

图形	△	□	⬠	⬡	...	N 边形
内角和	180				...	

你能用字母表示下面图形阴影部分的面积吗?

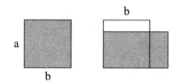

通过上述练习,学生从具体的情景中抽象出数量关系和变化规律,体验符号化思想的优越性,同时也深入理解了数量之间的关系。

4.渗透等量代换的思想

等量代换的思想是用一个量代替与它相等的量的思维方式,它是基本的数学思想方法之一,也是代数思想的基础。

理解数量之间的等量关系,用方程的方法解决实际问题,学生会觉得方便易行。在教学完方程后,我通常让学生用代数的方法解题。

用 x 表示要求的数,解答下面各题:

1. 果园里梨树的棵数是苹果树的 2 倍,有梨树 56 棵,有苹果树多少棵?

$2x=56$

2. 一块正方形草地,周长是 64 米,它的边长是多少米?

$4x=64$

3. 电视机厂去年生产彩色电视机 7580 台,比前年多生产 1950 台,前年生产多少台？

$x+1950=7580$

4. 某市今年植树 220 万株，是前年的 2 倍，前年植树多少万株？

$2x=220$

5. $(11+12+13)×(19+23+24)-(12+13)×(11+19+23+24)$

这些习题向学生渗透了数学中的代数思想，帮助学生理清了数量之间的关系，练习的设计也是由浅入深，循序渐进，学生做得轻松，学得愉快。

5.渗透比较、分类思想

比较、分类是通过分析、综合、抽象和概括等思维方式来研究对象的个别属性，确定它们之间的异同，从而得到一定规律的数学思想。通过比较、分类，要善于发现新的问题，善于开发思考的新角度，善于寻找新的联系，比出新意，分出能力。

如按要求填数——关注学生的差异，设计有层次的练习。

1. $624÷6$，先说出商是（　　）位数。

2. $□24÷6$，当商是三位数时，□里可填（　　），当商是两位数时，□里可填（　　）。

3. $70□÷5=14□$，如果商末尾是 0，没有余数，被除数中□可以填（　　）。如果商末尾不是 0，被除数中□可以填（　　），那么商的个位是（　　）。

4. 设 $A=\dfrac{39}{70}$，$B=\dfrac{393837}{707172}$，比较大小。（让学生充分体会还是不通分为好）

5. $\dfrac{10}{100}+\dfrac{10}{101}+\dfrac{10}{102}+\dfrac{10}{103}+\cdots+\dfrac{10}{110}=\dfrac{□}{□}$ 的整数部分是几？（拓展延伸学生所学的知识）

缩小：$\dfrac{10}{110}+\dfrac{10}{110}+\dfrac{10}{110}+\dfrac{10}{110}+\cdots+\dfrac{10}{110}=1$（11 个）

放大：$\dfrac{10}{100}+\dfrac{10}{100}+\dfrac{10}{100}+\dfrac{10}{100}+\cdots+\dfrac{10}{100}=\dfrac{11}{10}$（11 个）

6. 渗透集合思想

集合是数学的基础知识，集合思想是数学学习的很好工具，用集合思想解决问题直观、简单和明了。

五年级的数的整除，学生在计算的基础上体验了什么是整除，什么是除尽，什么是除不尽。集合思想可以使学生更清楚、更直观地了解整除、除尽和除不尽之间的关系。所以教学后，我设计了用集合圈的练习形式，总结、概括数的整除这部分知识。

根据所学知识，按照"除尽""除不尽"和"整除"给下面除法算式分分类。（填在下面圆圈里）

① 12÷2=

② 6.6÷2.2=

③ 9÷4=

④ 1÷3=

⑤ 32÷8=

⑥ 15.5÷5=

⑦ 273÷3=

⑧ 2.4÷6=

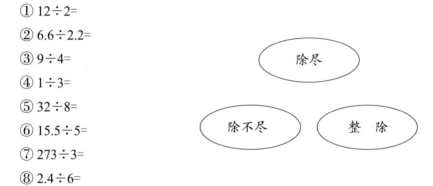

习题的设计蕴含着数学的思想，长期的坚持和实践拓宽了学生解题的策略，提高了学生解决实际问题的能力。启迪性的数学学习，不但使学生感觉不到数学的枯燥，也让他们觉得学数学促其聪明生智慧。

五个纬度提升作业内涵

江苏省苏州工业园区星港学校　吴梅香（特级教师）

数学课程标准指出："义务教育阶段的数学课程，基本出发点是促进学生全面、持续、和谐地发展。"鉴于这样的目标导向，小学数学的各类作业该如何设计呢？透析标准的新理念，笔者在教学实践中一般着眼于以下五个纬度来寻求突破。

一、蕴含童真的巩固性作业

兴趣是最好的老师。根据小学生的年龄特征和生活经验，设计具有童趣的数学作业，可以激发学生的学习兴趣。如：一些计算课的练习设计，可以采取"帮助小兔回家""小壁虎找尾巴""黑猫送信"等带有童趣的游戏形式进行算式与得数的连线；也可设计一些如"小虎闯关""捷足先登""稳操胜券"等竞赛类的题目，让学生在紧张而又愉悦的氛围中，掌握运算的方法和技能，提高计算速度及正确率；还可以设计"数学门诊""啄木鸟医生""小马虎体检""火眼金睛"等纠错的练习，培养学生细心演算的习惯和校正错误的能力。这样就避免了学生因为单调的口算或竖式计算而产生的枯燥、乏味之感觉，甚至厌倦、懈怠之情绪。当然，将一组基本练习融合在一定的情境中，也能达到异曲同工的效果。

案例一：二年级下册"多位数的加法"

用心做对每一题，这张借书卡就能生效啦！

1. 比比谁算得快：

$$
\begin{array}{r}
230 \\
+136 \\
\hline
\end{array}
\qquad
\begin{array}{r}
433 \\
+\ 56 \\
\hline
\end{array}
\qquad
\begin{array}{r}
72 \\
+121 \\
\hline
\end{array}
$$

2. 比比谁更细心：

542+306 =　　　　　　　74+424=

403+56=　　　　　　　271+518=

3. 解决问题我能行：

	童话书	科技书	故事书
原来有	149 本	81 本	334 本
又运来	220 本	203 本	542 本
现在有	（　　）本	（　　）本	（　　）本

　　教学本课时，由于在巩固练习中对教科书的"想想做做"作了许多的调整，故不方便直接在书上做练习。怎样使一张"苍白淡漠"的题纸变得生动而富有情趣？我用五颜六色的彩纸精心设计了一张张"贵宾借书卡"，并向学生说明只要细心做对每一道题，"贵宾借书卡"就生效啦，这样做旨在培养学生做事认真负责的态度。这个办法果然奏效，学生计算的正确率很高；更意想不到的是，几个做作业向来拖沓的孩子，这次也以极大的热情投入了习题的演算，×××（学困生）不仅按时完成了练习，竟然全部做对了！正当我满怀成功的喜悦结束这节课准备离开教室的时候，一群学生拦住了我的去路，嘴快的孩子急不可待地向我求证："吴老师，×××说'贵宾借书卡'是假的，你骗我们的。"另一个孩子忙为我辩护："不对！是真的。'生效'就是可以借书。"我被这突如其来的争执搞得面红耳赤，因为我压根没想过如何凭这张卡去借书。但是，为了给学生以诚信教育，也为了奖励他们超常的表现，我亲自与图书管理员沟通，采取特殊办法兑现了我的承诺。为此，我还写了一篇文章《真实的谎言》，记录了此事的前前后后。

二、自主选择的分层性作业

受文化环境、家庭背景及自身因素的影响，学生之间的差异是客观存在的。通常情况下，根据不同的学习能力与认知水平，可以把学生大致分为三个层次。如果作业的布置没有层次性，容易导致优等生因作业重复、简单而厌学，学困生则心有余而力不足。因此，作业设计要充分考虑不同层次学生的学习能力，做到因材施教。如，按照"巩固性练习—变式练习—拓展练习"的模式设计难度递进的作业，要求学生根据自己的实际水平，除了完成巩固性练习，还可以自选变式练习或拓展练习。对不同层次的作业将会有不同的星级评价。这样学生就有了充分的作业选择权，调动了学生完成作业的积极性。

案例二：二年级下册"认识图形"

下面题目你可以自由选择，看看 5 分钟谁得☆最多！

1. 画一条比 3 厘米长 2 厘米的线段。 ☆

2. 在右边每两点之间都画一条线段。☆☆

3. 你能画出最长的边为 5 厘米的三角形吗？试一试。☆☆☆

4. 按不同的要求给长方形各增加一条线段，使之变成不同的多边形组合。☆☆☆☆

1 个三角形和 1 个四边形　　　　2 个三角形

1 个三角形和 1 个五边形

为了给学生提供参与探索过程、主动获取知识、分析运用知识的机会，让学生自我控制，自我解答，真正成为学习的主人，我经常在节假日布置的作业是"数学日记"，这种作业对学生没有统一的要求，孩子们可以自由发挥。这样的自主性作业，不仅引导学生用数学的眼光观察生活，用数学的思想解释生活，而且使学生的综合能力得到了不同层次的提高。

案例三：数学日记

去旅游

二年级四班　曹言尉

放假了，爷爷、奶奶和阿姨带我去云南玩，我们一共去六天，行程是这样安排的：

2月10日我们坐大巴向东到上海虹桥机场，17:45分飞机起飞往西南面到昆明。

2月11日坐火车向西到大理。

2月12日坐大巴往北到丽江。

2月14日坐大巴向南回大理。

2月15日坐火车往东回昆明，再从昆明乘飞机向东北面到上海，最后坐车向西回苏州。

这次旅游我不仅观光了祖国的美丽景色，还巩固了数学中的"时间"与"方向"等知识，让我更加认识到生活中数学无处不在！

下面就是我去昆明旅游的路线图：

实线代表去的路线

虚线代表返回的路线

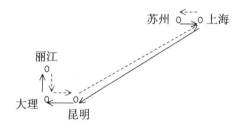

合理安排时间

二年级三班　李逸枫

吴老师经常教育我们要珍惜时间。我知道只有合理安排好时间，才能真正做时间的主人。

进入假期后，我特别留心自己做每件事情所用的时间。比如：今天早晨起床穿衣用了5分钟，刷牙、洗脸、吃早饭一共花了24分钟，听英语30分钟，换鞋1分钟。出门时我算了算，做这些事情一共用去30+5+24+1=60分钟（1小时）。妈妈告诉我，如果学会合理安排时间的话，只要半个小时就能把这些事情做完了。

真是这样吗？我将信将疑，不过我还是使劲地想啊想，终于想到一种最省时的安排，那就是我一边穿衣、刷牙、洗脸、吃早饭，一边听英语，这样只要30分钟就能完成这些事情了，不就可以省出时间来了吗？

看来我们要珍惜每一分钟，就要学会合理安排时间。

镜子里的学问

二年级四班　方　正

今天去舅舅家玩，妈妈在我的右边头发夹了一个漂亮的发夹，我非常喜欢这个发夹。但是和弟弟玩了一会儿后，我一摸发夹，啊！我的发夹呢？我急忙跑到镜子前面去照，发夹到哪去了呢？我正伤心着，弟弟跑到我身后，对着镜子里的我说："不是还在你的左边吗？不过是在你的头后面。"我急忙一摸，真的在，我松了一口气。突然我想到发夹明明在我的右边，弟弟怎么说是左边呢？我应该帮助他分清左和右，我就对弟弟说："你才比我小几天，怎么连左和右都分不清楚啊！让姐姐来教你吧！"弟弟说："你看镜子啊！明明是你的左边嘛，你才分不清楚。"我仔细一看，咦！发夹怎么真的跑到左边来了呢？但是一摸发夹又明明在我的右手边，这怎么回事呢？再仔细一看，镜子里所有东西的位置和实际的位置都是反的。

我们的教育是面向全体学生的教育，要让"不同的人在数学上得到不同的发展"。那么作业设计就不能"一刀切"，要尽可能地根据学生的个体差异设计层次性的作业，为每一个学生创设练习、提高、发展的环境，使每个学生成为实践的成功者。

三、链接现实的实践性作业

生活是学习数学的场所，也是学生运用数学解决实际问题的场所。为此，在设计作业时，创设生活性的实际问题，促使学生尝试从数学的角度寻求解决问题的方法，体验数学在现实生活中的价值，并逐步成为一个知识的实践者。如学习了长方形、正方形的周长和面积后，可让学生做一回装修设计师：

如果你家的地面要进行重新装修，你能为你爸妈提供一张装修建议表吗？我们可以从下面几个问题来考虑：

1. 算算每个房间的长和宽分别是多少米？每个房间的面积分别是多少？

2. 根据自己家庭的生活条件和自己的爱好，在材料表中选择你需要的材料，所需材料的量及所需的钱数是多少？

3. 如果在客厅、餐厅的四周贴上木条，共需要多少米？

课程改革带来的教科书，不仅使教学内容的呈现形式更加丰富多彩，而且让作业的设计也更为科学合理。我们要充分利用教科书布置作业，并重视对学生的学习指导。

案例四：观察记录

二年级下册"分米和毫米"的课后练习：将瓣蒜放在盛有少量水的盘子里，先看看它几天后开始发芽，再记录发芽后一周内蒜叶的生长情况。

蒜叶生长情况记录

发芽后的天数	1	2	3	4	5	6	7
蒜叶的长度（毫米）							

一年级下册"认识人民币"的实践活动：

你的钱是怎么花的?

序　号	买的物品	花去的钱	剩下的钱
1			
2			
3			
4			
5			
合计	我一共进行了（　）项消费，一共花了（　）元（　）角。		

注：2006年4月30日，小学数学组结合一年级学生刚刚学习的"认识人民币"，特意举办了"献爱心阳光义卖活动"。此项作业是让一年级学生记录自己在活动中消费的情况，并做简单的计算。

"小眼睛看大世界"实践活动记录表

内　容	简单记录	家长评价
分分类	按颜色分、按用途分、按形状分、按 _____ 分。	
比一比	_____ 大 _____ 小；_____ 高 _____ 矮； _____ 长 _____ 短；_____ 轻 _____ 重。	
认识物体	_____ 是长方体；_____ 是正方体； _____ 是圆柱；_____ 是球。	
认识人民币	买 _____ 花了 _____ 。 怎么付的钱？	
测量长度		
其　他		

注：2007年元旦放假三天的数学作业，让学生通过观察和记录复习二年级上册的部分内容。

　　将数学知识融入生动有趣的活动中，让数学作业从"写"的单一形式走出来，把知识技能的训练、非智力因素的培养与活动巧妙结合，符合小学生的心理和年龄特点，是孩子们喜闻乐见的一种作业形式。

四、父母共享的家庭性作业

有些家长忙于自己的事务，无暇顾及孩子的学习，也就少了与孩子交流的时间；有些家长对孩子的学习太过不放心，每天守在孩子的身边指指点点。我认为这两种情况都不利于学生的健康成长和发展。如果能充分调动学生家长的积极性，让他们经常性地参与到学生的作业中，不但可以使家长全面了解孩子的知识水平与学习情况，而且可以促进家庭氛围的融洽，同时也做到了教师、学生、家长之间的互动。

如：在低年级的计算教学中，少不了口算的练习作业。为了避免口算册上单调的读写练习，我设计了"玩扑克"的家庭作业，指定家庭两个成员从1～20的扑克牌（可以由数字卡片制成）中分别抽取两张，抢答两数的和或差，进行20以内加减法的练习；学习了乘法口诀后，可以由两人从1～9的扑克牌中任意抽取两张，很快说出它们的乘积，而第三者负责记录比赛成绩；有时也会让一家三口齐上阵，任意抽取三张牌用加减乘计算24点；等等。从作业的记录结果来看，家长们的参与热情很高，很多家庭都要在母子、父子、父母之间展开比赛，而且大人、小孩都有输有赢，他们互不相让，非常认真，让人不禁去想象当时家里那种其乐融融的情景。此外，按照指定方向"跳棋"的游戏、摆小棒活动、沿游览路线逛公园等家庭作业也深受学生和家长的欢迎。

家长的适当参与，大大提高了学生的学习积极性，教师与家长对孩子的鼓励、期待和真诚，真正传播到学生的心里，使他们善于学习，善于反思，也激发了家庭每个成员热爱生活、关爱他人的思想感情。有些作业拖拉、爱摆弄小动作的学生在家长的督促下，养成了良好的学习习惯，作业完成的质量也很高。部分家长还根据学生作业中出现的问题，提出了一些合理的建议。"家校联系本"成了教师、学生、家长互动对话的平台。所以说：家长是孩子最好的老师。

五、拓展思维的发展性作业

泰戈尔说过："不能把河水限制在一些规定好的河道里。"教科书中虽然也安排了一定数量的有助于发展学生思维能力的练习题，但是由于学生的情况不同，教材不一定都能满足教学的需要。为了发现和培养在数学思维方面有潜力的学生，我一直坚持让学生"每日思"，即每天在黑板左上角的专栏里出一道趣味思考题，让学生"能飞的飞起来"，"能跑的跑起来"，而"该扶的扶一把"，只要在老师第二天讲解之前做出来的学生都能够"金榜题名"。或许是因为这种激励评价的办法调动了大部分孩子的积极性，"每日思"的参与度一般能达到60%，待老师讲解之后90%的同学基本上能理解和掌握。

案例五："每日思"摘选

1. 每个杯子放进两块糖后，哪杯最甜？（一年级）

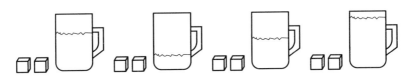

2. 找出下式中△、☆各代表的数。（二年级）

$$\triangle + \triangle + \triangle + \☆ + \☆ = 22$$
$$\☆ + \☆ + \triangle + \triangle + \triangle + \triangle + \triangle = 30$$
$$\triangle = (\quad) \quad \☆ = (\quad)$$

3. 现在把珠子一个一个地如下图顺序往返不断投入 A、B、C、D、E、F 洞中。问第 2006 粒珠子投在哪号洞中？（五年级）

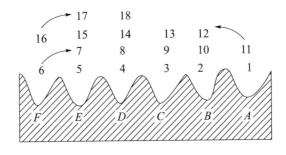

4. 老师在黑板上写了若干个从 1 开始的连续自然数，1，2，3，……后来擦掉了其中的一个，剩下的数的平均数是 $13\frac{9}{13}$，擦掉的自然数是多少？（六年级）

"每日思"不仅有助于学生加深对所学的数学知识的理解，而且有助于发展学生思维的灵活性，并激发学生思考问题的兴趣。当然，"每日思"的选题难度要适当，要使大多数学生运用所学知识、经过努力思考能够正确解答出来。如果难度太大，不利于激发学生的学习兴趣，也不能有效地发展学生的思维能力。

总之，设计巩固性、分层性、实践性和发展性等内容丰富、形式多样的作业练习是课堂教学改革的延伸与发展，也是数学课程标准基本理念的进一步落实。我一直在努力实践着、追求着，使作业不再是强加给学生的负担，而是他们成长中一种自觉的学习需要、生活需要、人生需要，让他们在作业过程中体验幸福和快乐、苦恼和辛劳，让他们拥有一种健康的对待作业的态度。

让学生喜欢数学作业的三服"药剂"

浙江省宁波鄞州区鄞江镇中心小学　叶杰军（市级学科骨干教师）

浙江省宁波万里国际学校　林良富（特级教师）

随着新课程改革的不断推进与深入，大多数教师都开始比较重视课堂教学的创新。然而，对如何设计新型的数学作业，利用数学作业来培养学生的数学能力、提高学生的学科兴趣却关注得不多。

长期以来，学生数学作业几乎是课堂教学内容的翻版、克隆，其形式大多是机械地抄记、重复地套用，其功能在于通过重复的训练使学生掌握相应的数学知识。因此，"巩固"一直成为机械的代名词，在"巩固知识，提高能力"的幌子下，教师简单、机械、硬性地给学生布置成堆的数学配套作业已成为习惯，这就造成学生做得厌烦，教师批得也累的局面。

数学课程标准指出"学生的数学学习内容应当是现实的、有意义的、富有挑战性的"。数学作业作为课堂教学的延伸，学生学习内容的巩固和反馈的重要手段，其重要作用是毋庸置疑的。所以，教师布置作业绝不能毫无准备，灵机一动，信手拈来；也不可长期简单地使用现成的所谓配套作业。数学作业的设计其实是一项充满创造性、艺术性的行为。那么究竟怎样的作业既能在短时间内吸引学生，又能够及时帮助学生巩固和提高所学的数学知识呢？我们在实际教学中对作业设计作了初步探索，取得了较好的效果。

下面我们简单介绍一下如何让学生喜欢数学作业的三服"药剂"。

一、课内利用、改造教科书上的题目是学生喜欢作业的"保鲜剂"

数学教科书是实现数学课程目标的重要教学资源，上面有许多教学专家、一线教师精心编制的题目，教师如果能在充分利用的基础上，根据班级学生的实际情况，适时、恰当地改造一些题目，便是一服让学生喜欢作业的长效"保鲜剂"。

1."保鲜剂"成分之一：巧改导语

小学生以形象思维为主，生动有趣的语言对学生有很大的吸引力，实践中我们发现同样题目的改错题，只要表述语言改变一下，学生的兴趣就不一样。如果你说："请同学们看题目，说说这几题有错吗？错在哪里？"同学们会无精打采地回答你。如果你这样说："同学们，下面是猪八戒做的题目，猪八戒可是个马大哈，看谁是火眼金睛，能发现问题，并把它纠正过来。"语言显得童趣横生，学生会充满信心，学习兴趣就会提高。

以往作业不是没有导语，就是只有一些"呆板、划一"的导语，如"口算题、填空题、选择题"等等。其实，我们完全可以在题目的导语上力求创新，换成让学生喜闻乐见、易于接受的形式，从而使作业成为尊重学生主体意识的数学活动。如：口算题改为"数学直通车"；填空题改为"生活五彩园""知识万花筒"或"知识宫里窍门多"；选择题改为"大浪淘沙""快乐ABC"或"快乐的 do，re，mi"；判断题改为"我当小法官"或"我是小小裁判员"；计算题改为"神机妙算对巧快""粗心大意回收站""简算妙不可言"或"递等步步成功"；应用题改为"解决问题——你是行家能手"；实践操作题改为"手巧心灵——相信你能行"；选作题改为"生活自助餐"；拓展题改为"素质加油站"；等等。如此人性化的导语，改变了以往标准化的冷面孔，这样在学生的心目中，作业变成了极富情趣的智慧之旅。

2."保鲜剂"成分之二：变换题型

小学生好奇心强，富有挑战性，但持久性短，传统作业题型单调、划一，容易使学生视觉疲劳，产生消极应付的心情。为此，实践中我们会变换一些题型，如设计诗体数学题，从形式到内容都能使人耳目一新。

例如在教学了"最小公倍数"后，可以设计这样一道诗体数学题：

> 三个女儿来看娘，
>
> 三五七天各一趟，

今日一齐娘家走，

何日一齐再看娘。

这道题若用普通叙述法，需增加文字才能表达出来：一个老婆婆有三个女儿，大女儿 3 天来一次，二女儿 5 天来一次，三女儿 7 天来一次，她们某日恰好在娘家聚齐，请问姐妹三人再次聚齐，至少需要多少天？而诗只有 28 个字，一句"三五七天各一趟"省略了许多烦琐的叙述，叙述简洁明了，却更有韵律。

又如学习"百分数"时，可让学生在优美诗文中，解决百分数问题。这样语、数结合，趣味融融。

出示诗文：春水春池满，春时春草生，春人饮春酒，春鸟弄春色。然后提出问题：

（1）请朗读这首诗，看看哪个字出现得最多？

（2）"春"字出现的次数占全诗总字数的百分之几？

（3）课后找一首诗，使某一个字出现的次数至少占 10%，然后有感情地朗读。

课后，学生既要找诗，又要读诗，还要计算，无论是找到了或找不到符合条件的诗，只要学生经历了找、读、算的过程，学生的感受是丰富的，收获更是丰盛的。

3. "保鲜剂"成分之三：改封闭为开放

设计内容丰富、形式新颖、具有发散性的开放型作业，为学生提供了广阔的思维空间，学生可以运用所学的知识与方法，得到自己认为满意的答案，较好地激发了学生探索、发现的创造意识。另外，开放型作业起点低、层次多、答案不唯一、策略多样化，学生容易下手，这能使所有的学生选择适合自己的切入点进行思考，体验成功，体现了"人人掌握数学，不同的人学习不同的数学"的数学思想。

小学数学习题中有大量常规题，这种题条件完备、答案固定，相对于开放题而言，被称为封闭题。"改封闭为开放"指的是我们可以将一些封闭题稍加改造，使其成为开放题。例如人教版六年级上册 P58 第 1 题：用彩色笔描出下面每个圆的直径和半径。

我们可以把它改为：下图是一张图形纸片，图中画有一条线段 AB，请你想办法判断这条线段 AB 是不是所在圆的半径。

这就成为一道非常好的开放题了。

实践中我们有这样一例：浙教版第十册 P101 第 12 题，王师傅 3 小时做 29 个机器零件，方师傅 5 小时做 48 个同样的零件，谁做得快些？无疑这是一道要求学生通过计算"平均每小时生产几个零件"或"生产 1 个零件需要多少小时"来得出谁做得快些的题。实践练习中，我们只是把这个问题的提法改为"你认为哪一位是老师傅？为什么？"这样的问题，无疑会更能吸引学生的兴趣，学生要解决谁是老师傅的问题，必须通过计算才能回答，而且答案变得不唯一，因为从不同的角度来说明王师傅或方师傅是老师傅都可以。适当地换个角度改编问题的提法，就能改封闭题为开放题，尽管只是"换汤不换药"，但往往会得到意料之外的收获。

像上面这样的例子也越来越多地体现在我们的实验教科书中，例如人教版四年级上册 P48 第 6 题：一个计算器 24 元，李老师要买 4 个，他带了 100 元，钱够吗？这种问题的设计可以给学生以更宽容的解决思路，学生可以采用：

（1）笔算：100-24×4 或 100>24×4 得出钱够了。

（2）估算：因为 25×4=100，所以 24×4<100，钱够了。

试想，我们如果还把问题设计成常规提法——"他带了 100 元，还可以找几元？"，效果就大打折扣了。

二、课外补充一些数学作业新形式是学生喜欢作业的"催化剂"

数学课程标准提出现实的、有趣的、探索性数学学习活动要成为数学学习的主要方式之一，学生的数学学习可以采用操作实验、自主探索、大胆猜测、合作交流、积极思考等活动方式，由此，数学学习呈现出多样化。与此相适应，数学作业的面貌也不能仅仅停留在单调划一的老面孔上，而应呈现出多样化、丰富性。

小学数学课外作业是数学课堂教学的延伸和继续，是课堂内容的提升和综合，是学科知识的应用和迁移。合理的数学课外作业的设计有利于学生更好地掌握知识和技能，进而使学生在思维、情感态度与价值观等多方面得到进步和发展，并形成乐于探究的态度，从而全面实现数学教育目标。

数学课外作业要力避重复性，防止单一化，克服封闭性，为此，我们在精心设计与安排练习内容的同时，补充一些数学作业新形式，这是让学生喜欢上数学作业的"催化剂"。

1."催化剂"成分之一：互动游戏作业

游戏是激发兴趣的最好载体。游戏作业带有"玩"的色彩，设计游戏作业时要考虑其与所学数学内容的联系，将所学的知识寓含于游戏中，提高学生作业的积极性。

如教学了"认识物体"后，可以让学生做一个认识物体的游戏：把一个同学的眼睛蒙起来，让他摸桌上的东西，说出是什么东西，并说出是根据什么性质辨认出来的；又如在教学完"分与合"后，可以设计"对口令"的游戏，可让学生与学生之间、学生与家长之间玩，并且将之作为"过关"的基础关，督促学生练习。学生对此类游戏作业乐此不疲，抓紧所有时间，在玩中学习，在学习中体验知识的魅力、成功的喜悦，这种游戏在家长方面也得到了比较好的配合和收效。

这种互动游戏作业同样可以用于高年级。例如，在教学"数的整除"后，可以设计"抢30"游戏，1—30报数，两人轮流报，每次可以报1个或2个数，看谁先抢到报30的机会，就算取胜。通过游戏，学生感悟到奥秘是后报者只要与先报者数字之和凑成3的倍数就行。而"让30"则相反，在此启发下学生还相继开发了"抢让60、100"等游戏。

这样的互动游戏作业学生非常乐意去完成，"得法于课内，得益于课外"，课后游戏成为课堂教学的后续延伸活动。

2."催化剂"成分之二：实践创作作业

"行是知之始，知是行之成。"数学来源于生活，又服务于生活。数学教材中，许多内容与社会、生活密切相关，如教学"年、月、日"后，可以设计请同学根据课上学到的知识，做一个自己需要的年历的实践作业。又如，教学"步测目测"后，我们让学生利用自己得到的步长来实地估测自己家到学校门口这一段路的长度，再根据自己所用的时间，估算出自己平时走路的速度。学生在完成作业活动中，所学的知识得到了运用。

数学创作作业是实践作业的又一种新形式，它主要指的是数学日记（周记）、数学小论文、数学故事、数学手抄报、数学剪报等不同形式。其做法是：让学生对平时观察到的身边的数学知识、学习中发现的数学规律、解题中的新方法、对某个知识点产生的疑问等及时进行记录分析，定期举行交流、评价活动。

如下面是我们的两位学生在学习了相关知识后写的数学日记：

11月9日　星期三

今天我们学习了"圆的认识"，这节课的主要内容是认识圆心、半径、直径、半径和直径的关系及画圆。这些内容是老师让我们自己折呀、画呀、量呀总结出来的，我学得很高兴、很认真，也都能理解。但在练习时，我把直径4厘米的圆画成了半径4厘米的圆，原因不仅是粗心，主要由于我当时不是很明确圆规两脚间的距离就是半径——现在当然明白啦！

2月17日　星期五

我学会用数学了

每天早晨，我都会端起刷牙杯，拿起牙刷刷牙。一次我意外地发现在倒水时，杯里的水有时高有时矮，这杯中水的体积不正与我们这几天所学的圆柱体的容积有关吗？我不就能应用最近所学的知识算出杯里面水的体积吗？我一下子变得兴奋起来，也顾不了刷牙了，找来直尺量了一下杯子的底面，直径 7 厘米，杯高 10 厘米，里面水的高度是 8 厘米。唰唰唰，我的神笔在草稿纸上三下五除二，这杯水的体积得出了：$7 \div 2 = 3.5$（厘米），$3.5^2 \times 3.14 \times 8 = 307.72$（立方厘米）。这时正好晨练的爷爷回来了，看到我的演算稿纸，一个劲儿地夸我进步真大，现在不光会学数学了，还会用数学呢！

在日记里，前一位学生总结了学习内容和对知识的掌握程度，交代了知识是如何获取的，并分析了错误的原因。自我思考，自我提高，喜悦之情溢于言表。后一位学生写的是在学了新知以后去实践应用，体验到了生活中处处有数学。

3."催化剂"成分之三：小课题长作业

以往，小学生学习数学似乎与研究无关，搞课题是大人的事。目前，进行小课题研究已经成为国内外小学数学教学的一个重要趋势。教师可以根据学生的学习内容，围绕学习中心，从内容、认知、技能、数学思想、思考方法等方面引导学生整理"探究课题"。例如我们在教学了"百分数的意义"后，针对超级市场已经融入我们的生活，成为人们生活中不可缺少的一部分的现象，提出了这样的一个课题："超市优惠酬宾优惠吗？"这样的课题要求学生经过一段时间的调查研究完成这一作业，这一段时间可以延续几周或者几个月，这就是长作业。长作业是课题学习在课外的延伸。实际上我们的学生通过调查不仅发现了"购物返券"的陷阱，还提出了许多合理化的建议，效果不错。又如在学习了"利息"后，在春节过后的那一学期，可以让学生去调查研究"如何用好压岁钱"等等。当然这种作业要注意让学生力所能及，不能盲目出题，否则将适得其反。

三、激励性作业评价是学生喜欢作业的"再生剂"

人的内心深处都有一种被肯定、被尊重、被赏识的需要，为此，教师应尊重学生，用赏识的眼光和心态去批阅学生的作业，从中寻找闪光点，使学生的心灵在教师的赏识中得到舒展，让他们变得更优秀、更自信。特别是对于急需鼓励的中后学生，及时有度地呈现激励性评价，能有效引起师生情感共鸣，成为学生喜欢作业的"再生剂"。

我们在具体操作中，针对不同的情况采取不同的评价策略：

（1）对于学生由于粗心而犯的错误，我们首先要肯定其长处，增强其自信，再提出殷切希望，促使学生改正缺点。例如："搬开你前进的绊脚石——粗心，奋勇前进！""你的字写得可真漂亮，要是提高正确率，那肯定是最棒的！"

（2）对于审题、计算、观察、分析与判断等方面的错误，我们利用微型评语进行方法指导，引起学生注意。如在作业旁写上"先找准数量关系式""运算顺序对吗？""请看清题目""再想一想""请认真检查一遍"，让学生认识到自己的不足，改正错误时能有的放矢。

（3）对于有创意的题目，可在旁边写上"富有创造性""解法巧妙""肯动脑筋""你的想法富有个性"等评语，肯定他们的成绩，鼓励继续努力。

这种别具一格的激励性评价，让学生耳目一新，营造出一种宽松、愉快、和谐的氛围，让理性的作业多了点人文关怀，不仅缩短了学生与作业之间的距离，调动了学生的多种感官积极参与答题，而且使学生体验到数学是有情的，从而把做作业的过程变成了学生体验快乐、体验成功的过程。

新课程改革的重要目标是改善学生的学习方式，而积极探索并实施多样化的数学作业形式是一个重要切入口。让我们逐步将"作业布置"转向"作业设计"，在作业内容与形式上改革和创新，进而逐步实现小学数学作业方式的多样化，让更多现实的、有趣的、探索性的数学学习活动成为数学学习的主要形式，培养学生的学习兴趣，提高他们的学习效率，使他们从单一、枯燥的数学作业练习中解脱出来。

让数学作业"活而不难，易而不死"

北京市朝阳区教研中心　钱守旺（特级教师）

学生学习数学知识不能只是停留在领会的水平，必须将它转化为相应的技能，并能应用这些技能去解决一些生活中的实际问题。练习是学生巩固知识、形成技能、发展思维、提高问题解决能力、提高课堂教学质量和效率的重要手段。作业是课堂教学的有效延伸，是为巩固课堂教学效果而精心设计的练习。长期以来，迫于应试教育的压力，作业存在着"形式单一、内容机械、重复枯燥、评价刻板、缺乏激励、被动应付"等诸多问题。这种情况如果不能得到根本性改变，将不利于课程改革的顺利推进，更不利于学生学习能力的增强和自信心的培养。

在新课程背景下，除了完成课本中的基本练习以外，我们还可以根据知识本身的特点和当地学生的生活实际设计形式多样的作业。

一、精心选材，布置趣味性作业

学习的最佳动力乃是对所学材料的乐趣。一个学习兴趣浓厚的学生，对各种现象和问题会产生惊异感。由于小学生特定的年龄特征和心理特征，他们喜欢新颖有趣、形式多样、符合生活的作业。精心选择现实生活中的材料去设计一些包含情境的数学问题，对于激发学生的求知欲，调动学生的学习积极性大有好处。下面三道题设计得就很有新意，也能够激发学生解决问题的兴趣。

1. 每人做几个纸团，每个纸团里写 1 个比 10 小的一位或两位小数。玩法如下：

（1）2人一组，将准备好的纸团放在一起。

（2）每人每次从中摸出1个纸团，摸出较大数的人，算两数的差；摸出较小数的人，算两数的和，并各自把得数记在纸上。

（3）摸够约定好的次数后，把自己记录的得数相加，总数大的一方获胜。

2. 一种洗面奶，出口直径为5mm，妈妈每次洗脸都挤出约1cm长的洗面奶。这样，一只洗面奶可用36次。该品牌推出的新包装只是将出口直径改为6mm，妈妈还是按习惯每次约挤出1cm长。这样，这一只洗面奶能用多少次？

3. 据书中介绍，我们人类的身高与标准体重之间存在着非常密切的关系：

男性：（身高厘米 -80）×70%= 标准体重。

女性：（身高厘米 -70）×60%= 标准体重。

体重评价标准和评价指标：

正常：低于或高于标准体重不超过10%。

偏瘦：低于标准体重10%以上。

偏胖：高于标准体重10%以上。

根据以上信息，请你回答下面的问题：

（1）郑叔叔身高180厘米，他的标准体重应该在（　　）千克左右。

（2）如果郑叔叔的体重是84千克，郑叔叔属于（　　）的人（正常、偏瘦、偏胖）。

二、走进生活，布置现实性作业

数学，源于生活，用于生活。尤其是小学数学，几乎都能在生活中找到"原型"。教育心理学的研究表明：当学习的材料与学生已有的知识和经验相联系时，才能激发学生学习和解决数学问题的兴趣，数学才是活的、富有生命力的。教师要结合鲜活的生活素材，将原本单一、乏味、冷漠的数学题目放置在生动、有趣的情境中，要使那些"僵硬的知识""死的知识"变成"活的知识""有生命力的知识"，让学生感到数学题不总是板着面孔出现的。下面的两道题目就非常具有现实性。

1. 某通讯公司开设了两种通讯业务：

（1）使用"全球通"手机卡用户电话费计费标准：每月月租费50元，接听和打出每分钟另需付通话费均为0.4元；（2）使用"神州行"手机卡用户电话费计费标准：不缴纳月租费，接听和打出每分钟通话费均为0.6元。

根据以上信息：（1）张叔叔每月平均通话时间是150分钟，他选用哪种手机卡电话费比较便宜？每月需电话费多少元？（2）李叔叔每月平均通话时间是300分钟，他选择哪种手机卡电话费比较便宜？每月需电话费多少元？

2. 某市出租车的收费标准如下：

里　　程	收　　费
3千米及3千米以下	8.00元
3千米以上，单程，每增加1千米	1.60元
3千米以上，往返，每增加1千米	1.20元

（1）小华乘出租车从家到外婆家，共付费17.6元，小华家与外婆家相距多少千米？

（2）王老师从学校去相距6千米的人事局取一份资料并立即回到学校，他怎样坐车比较合算？需付出租车费多少元？

三、学以致用，布置研究型作业

传统的课堂教学，学生学习的空间较为封闭、狭小，眼界限于书本，限于教室。长期以来，小学生学习数学似乎与进行研究无关，搞课题研究似乎是大人的事。我们的学生普遍缺乏独立性和创造性。学生进行小课题研究是一种研究性的学习，过程是非常重要的，学生经历一个收集信息、处理信息和得出结论的过程，学生在此过程中学会一些探索的方法。在课堂上，教师要注意设计一些小课题，让学生能通过合作交流去完成这些小课题。教师要起到引导的作用，评估要注重过程，而不是注重结果。

例如，在学习"比例尺"后，要求学生给自己家里的客厅制作一个平面图，并思考：你认为这客厅的设计和摆设合理吗？你有什么改进的措施？为什么？学习完"利息"这一知识后，可以针对不同的学生设计不同的主题作业：调查目前银行利息情况并作专题小报告、帮助家长拟订一份储蓄计划、学习填写存单、计算利息税等。学习了"折线统计图"后，可让学生调查本地近五年来的房价变化，制成折线统计图，再通过分析房价的变化趋势，预测未来一两年内本地房价的变化情况。

四、因材施教，布置层次性作业

关注人是新课程的核心理念。我们的教育是面向全体学生的教育，要让"不同的人在数学上得到不同的发展"。每个学生由于知识水平、思维方式、生活经验、解题技能等诸多方面的不同，对于同一问题的理解和把握也就不同。为了满足不同个体的不同要求，作业设计要体现新课程的要求，为不同水平的学生提供不同的展示空间。

例如，在学完"分数百分数应用题"以后，我由易到难安排了下面四道题供学生选择。

1. 商店出售一批奥运吉祥物"福娃"，一小时就售出 160 个，正好占总数的 $\frac{2}{5}$，这批奥运吉祥物"福娃"共多少个？

2. 我国约有 660 个城市，其中约有 $\frac{2}{3}$ 的城市供水不足。在这些供水不足的城市中，大约有 25% 的城市严重缺水。全国严重缺水的城市大约有多少个？

3. 学校图书馆原有一批故事书，高年级学生借走 40% 以后，管理员又从新华书店买来 180 本，新买来的故事书正好相当于原来的 25%，高年级学生借走故事书多少本？

4. 时装店有一件衣服，第一天按原价出售，没人来买，第二天降价

10%，仍没有人来买，第三天再降价 120 元，终于售出，已知出售的价格恰好是原价的 66%，原来这件衣服的价钱是多少元？

五、学科整合，布置日记型作业

学生写日记，历来是语文教学的一个重要内容，它能帮助学生记录自己的成长足迹、积累词汇、培养表达能力、提高写作水平。其实，写日记并不仅仅是语文学科的专利。在数学教学中，也可以让学生把自己在日常生活中所发现的数学知识、提出的数学问题、应用数学的情况等有关数学的内容以日记的形式记录下来，这种形式能帮助学生用"数学的眼光"看待生活，发现生活中的数学问题。

下面是两篇来自网上的数学日记。

我们的生存空间

这个星期，我们学了"统计"这一内容，并通过统计了解了我们的生存空间。

从第一个统计表中，我知道了我们的国家变得越来越富强了，但人口也逐渐地增加。我觉得人口增长得太快不是很好，因为我们的国家只有这么大，如果人口猛增，把国家都撑爆了，那可怎么办呀？所以，我想每个家庭都应该生一个孩子，这样社会才能稳健发展。

第二个统计表，统计了我国城镇生活污水排放总量的变化。现在，我们排放的污水是越来越多，污染了许多的大江大河，就连我们的母亲河——长江，也被污染了，并且生活在这些河里的小鱼小虾也因为喝了这些被污染的水而相继死去。所以，我们要从自身做起，多节约用水，比如：洗完脚的水可以冲厕所，泡过米的水可以浇花……并且还要多植树，多创建自然保护区，让风沙低头，让那些珍稀动物和树木都有一个安定的家园！让我们的生存空间变得更加美好！

买鞋子的学问

今天，妈妈带我上街买鞋子。我们首先来到了百货大楼，那里全场打 7 折。我们很快看中了一双原价 270 元的安踏运动鞋。但是为了货比三家，我们又去了华联商厦。在商厦里，同样型号的鞋子虽然原价没变，但推出的优惠服务是打 9 折，然后购物满 50 元送 10 元。接着，我们又来到了安踏运动鞋专卖店，同样型号的鞋子原价也没变，但优惠的内容不同。这里是购物满 100 元送 40 元。妈妈有点困惑了，只好请我这个数学小机灵出马了。我心里想着：百货大楼买鞋花 270×70%=189（元）；华联商厦里买鞋得花 270×90%=243（元），243-10×4=203（元）；而在安踏运动鞋专卖店里要花 270-40×2=190（元）。189 元、203 元、190 元之中，189 元最便宜。由此可见到百货大楼里去买最合算。我把我的想法告诉了妈妈，妈妈直夸我聪明。

通过今天这件事，我明白了生活中处处有数学，我们可以用学到的数学知识解决生活中的实际问题。

六、活学活用，布置综合型作业

学生做作业的过程，不应是一个"被动吸取知识、记忆、反复练习、强化储存"的过程，而应是"以积极的心态，调动原有的知识和经验，尝试解决新问题，同化新知识，并积极建构新知识"的主动学习的过程。数学知识的学习不能靠死记硬背，机械照搬。数学能力最突出的表现就是"举一反三、触类旁通"。一般在一个单元或一个学期结束后，教师可以将有些知识进行综合，设计一些需要综合运用几个方面的数学知识才能解决的问题，以提高学生综合运用知识的能力。下面三道题目就需要学生综合利用所学的知识来解答。

1. 一个长方体木块，它的所有棱长之和为 108 厘米，它的长、宽、高之比为 4:3:2。现在要将这个长方体削成一个体积最大的圆柱体，这个圆柱体体积是多少立方厘米？

2. 甲、乙两列火车同时从两地相对开出，5 小时后两车在途中相遇，已知甲车行完全程要 9 小时，乙车每小时行 48 千米，问甲车每小时行多少千米？

3. 一辆汽车从 A 城开往 B 城，第一小时行了全程的 $\frac{1}{4}$，第二小时行了 60 千米，这时已行的路程与全程的比是 $1:3$，A 城与 B 城相距多少千米？

七、培养能力，布置拓展性作业

所谓拓展性作业，是指在学生已经掌握了基础知识和基本技能的基础上，将所学知识进行必要的延伸和发展而设计的课内外作业，其主要目的是为了提升学生的观察、比较、综合、推理等数学思维能力。它是面向学有余力的部分学生而设计的。下面两道题需要学生灵活运用所学知识才能解决。

1. 有 12 个 1 立方分米的正方体商品，请你为它设计一个长方体包装箱，当包装箱的长、宽、高分别是几分米时，最节省包装纸？至少需要包装纸多少平方分米？

2. 冬季到了，饮料已不是那么走俏了，各家商店纷纷出招，这是他们所做的广告：

鲜果饮料：大瓶 10 元（1000 毫升），小瓶 2 元（200 毫升）。甲店：买一大瓶，送一小瓶。乙店：一律九折。丙店：累计 30 元，八折优惠。

六年级（1）班要开联欢会，想给 35 位同学每人准备 200 毫升饮料，请你设计一种购买方案。

总之，教学的基本着眼点是促进学生的发展，这是教师组织教学活动的核心理念。作业的设计要有利于调动学生学习数学的积极性，有利于提高小学数学教学质量，有利于在小学数学学科中扎实推进素质教育。要照顾到学生的知识基础和接受水平，注意形式的多样性，注意处理好作业数量与作业质量之间的辩证关系，处理好面向全体与因材施教的关系，正确处理好"活"与"难"、"易"与"死"的关系，做到"活而不难，易而不死"。要让学生通过完成作业变得越来越聪明，思维变得越来越活跃，解决问题的能力变得越来越强。

家庭作业：让后进生吃好、优生吃饱

浙江省台州市椒江区实验二小 韩秋菊（特级教师）

作业是学生学好一门学科不可缺少的实践性活动，它是使学生掌握知识，形成技能，发展智力的重要手段。通过一定量的作业，可以使学生牢固掌握基础知识，形成熟练的技能、技巧，促进学生思维品格和身心智力因素与非智力因素的发展。尤其是数学学科，更需要学生用作业来强化知识。数学作业包括课堂练习、家庭作业、假期作业等。有效的课堂练习是学生获取知识的重要途径，有效的家庭作业是学生巩固所学知识的重要方法，有效的假期作业是学生复习所学内容的重要手段。

那么教师怎样才能进行有效的作业设计呢？

教师设计作业首先是以新课标为准则，深入领会课程标准的理念；其次认真钻研教材，从教育教学的性质角度考虑设计作业，内容要紧扣教学要求，与学生的实际生活紧密相连，目的明确，有针对性，能够满足不同学生的需要，作业的设计要有层次有坡度，难易结合，要有一定数量的基本练习和稍有变化的练习，也要有一些综合性和富有思考性的作业。设计作业时要避免重复性、防止单一化、克服封闭性，精心设计与安排训练内容，充分发挥数学作业的功能。设计时注意由浅到深，逐步提高，突出重点、难点与关键，合理搭配题型，在新课标的要求下要强化作业的趣味性与训练性、层次性与全面性、探索性与开放性，做到让后进生吃好、优生吃饱。

下面本人就自己多年的经验对家庭作业设计谈谈看法。

一、家庭作业必须与课程所讲的内容密切联系

现在家长对孩子的期望越来越高了，为了让自己的孩子更好地巩固老

师课堂上讲的知识，他们买各种相应的练习给孩子做。而这些练习许多是书商基于经济利益的考虑而粗制滥造的。盲目买练习，家长浪费了金钱，孩子浪费了时间。整天在题海中浸泡，一些孩子也渐渐对数学这门学科产生误解，认为数学就是一门练习的学科，做得多才行，从而对学习好数学失去了信心。

教师对于家庭作业的设计必须避免出现这种情况。在设计家庭作业时，要做到与课堂所授内容相联系，做到有针对性，能够突出课堂内容的重难点。要让学生做自己精心设计的作业、典型的练习，而不能随随便便找点儿题给学生做。对于学生的练习不能采取拿来主义，要进行筛选，去掉不好的，或改改条件让它变成好题，让学生体会到，课堂学的知识是有用的，让学生愿意练，这样他们才能产生乐学的情感，才能变被动练（苦练）为主动练（乐练）。

在学习了"数的整除"后，因为本单元主要是对概念的理解，所以在设计练习题时我主要针对学生对概念的理解，设计了一些填空题与判断题。如：一个分数的分子是偶数中的质数，分母是奇数中最小的合数，这个分数是（　　　）。学生只有在对奇数、偶数、质数和合数这四个概念清楚的情况下才能准确填出答案。

二、家庭作业必须是课堂作业的合理拓展

首先，书本上的知识是最浅显的，掌握书上的知识只是学生解决实际问题的基础，书上的知识都掌握了并不意味着就能解决问题。实际问题往往是以教材内容为基础的，是在这些基础上的加深。所以把书本上的知识掌握好了和能解决实际问题是不等同的。

其次，学生的自身特点和知识掌握水平不一样，"一刀切"的作业形式显然不能满足不同学生的作业需要，不利于学生的个性发展。传统的作业往往使成绩好的学生感到"吃不饱"，而对于那些在数学学习上明显比较吃力的学生来说，太大作业量或者太高的作业难度都会挫伤他们的学习积极性。所以对于那些尖子生，我们可以在要求其完成课堂上布置的作业外，适当得引导他们多去接触一些有一定难度的题目，培养他们敢于向高难度挑战的好习惯，这对他们日后在数学方面的造诣有帮助。但是，引导时千万要注

意对难度的把握和资料的选取，像现在有些奥数之类拓展知识的书本，实际上根本不是课堂知识的加深，而是另外的知识，这会让学生对数学学习的侧重面造成曲解。比如对于五年级的学生，拿六年级的题目来给他们做，那自然是奥数了。这会让学生把奥数等同于没有学过的知识，认为没有接触过的题目就是所谓的奥数。而对于那些学习比较吃力的学生，显然我们应该降低他们的题目难度，量上也要有自己的把握，否则学生既不可能高质量地完成作业，日后也很难再对数学学习有热情。再说数学的学习是一个连续性的过程，不是靠一两节课的努力就可以了的。作为一个称职的教师，我们不可以犯"丢了西瓜，又撒了芝麻"的错误，应该力求做到让学生能跑的跑、能飞的飞，要帮的帮一把。我们也要优生、差生两手抓，两手都要掌握力度。举个例子。

学习长方体表面积后，为了让知识与生活实际结合，教师可以给学生设计这样的作业：有一个长 8 厘米，宽 5 厘米，高 2 厘米的长方体，现要将它分成两个完全相等的长方体，表面积如何变化？要将切开的两个长方体用纸糊上，怎样包装用纸最省？

学生已经实践操作过，两个长方体拼在一起，表面积减少，将面积最大的两个面拼在一起表面积减少得最多。那么这道题刚好与长方体的叠加相反，这个题是"切"，学生看到这个练习肯定会有一种相识的感觉，这样就会促使他们认真地去思考这道题。可能看到题面并不是每个人都会做，但如果也动手包装试试，可能问题就解决了，不同的学生也有了不同的收获，作业的目的便达到了。

最后，也要不间断地在学新知内容的同时，适当地加进一些对后继学习有影响的重点知识，并进行练习。

三、作业要避免重复性，讲究趣味性

苏霍姆林斯基说：学生带着一种高涨、激动的情绪从事学习和思考，对面前呈现的真理感到惊奇甚至震惊；学生在学习中意识和感觉到自己的智慧力量，体验到创造的快乐，为人的智慧和意志的伟大而感到骄傲。为了唤起学生的学习兴趣，作业设计要摆脱机械重复的、枯燥乏味的、烦琐的、死记硬背的、无思维价值的练习。教师通过趣味性作业的设计，让学生自觉完成作业。如：以6点钟时分针和时针所在的直线为对称轴。（1）求钟面上7:15分对称时间是几时几分？（2）钟面上的对称时间是4:20，实际时间是几点？

要让学生带着兴趣，认真地去完成作业。而且在学生的学习趣味性略有所提升之后，我们可以在接下来的学习中进一步培养他们的学习创新创造能力。前后存在着一个循序渐进的过程。趣味性的落实将直接影响到我们下一步操作的进程和效果。

四、家庭作业能达到训练学生创造性思维和培养学生创造力的效果

创造力是高素质人才所具备的最主要能力之一，培养创造能力是素质教育的重要内容，小学阶段学生的创造力不等同于发明创造，更多的是让学生运用自己学过的知识思考问题，解决问题时有新意，能与众不同，有自己的发现，这些发现是将要传授给他们的知识。

说到这里我觉得有位小学二年级的数学老师独辟蹊径的教学方法很值得我们借鉴。当这位教师教完表内乘法口诀后，布置了这样一道作业题：

> 秋天到了，你们想欣赏秋天的景色吗？秋天的景色是多么的美丽啊！学校决定明天去秋游。秋游时大家都要带点心，这次秋游的点心以小组为单位自己去买，不要再叫爸爸、妈妈代办。下面是一些食品的单价：可口可乐4元，饼干2元，面包2元，汉堡包8元，苹果1元，梨8角，炸鸡腿5元，果冻5角……用30元买本组的点心，你计划怎样买，才让同学们既吃得饱，又吃得好？同学们，用你们学过的知识，看哪一组安排得最合理。

这种需要同学自己着手落实的作业，不是靠多题量或复杂计算来训练学生的计算能力，而是把知识点融在情景之中，让学生根据自己的生活经验、兴趣爱好、知识掌握的情况，灵活运用方法解决实际问题。这样的作业形式不仅达到了训练的目的，还激发学生内在的智力潜能与学习数学的兴趣，从而更好地促使学生接受知识并进行再创造学习。其好处还在于学生会根据老师的这一课堂带动，在平时的学习中将一些题目主动与生活中的一些物品和

经验性的经历联系起来，这样我们的教育目的便达到了。让学习和实践相结合，这样培养出来的学生更具有实际操作的能力，是新时代真正所需的人才。

用作业来培养他们的创造力是一条很重要的途径。教师在设计作业时应注意对学生创造性思维的培养。数学创作可以拓展学生想象的空间，增强和丰富他们的想象力，它可以是数学设计、数学小论文、数学故事等不同形式，让学生把平时观察到的身边的数学知识、学习中发现的数学规律、解题中的新方法、某些运算法则、新的公式推导方法、对某个知识点产生的疑问等及时记录分析，并定期（一周）交流，互相评价。比如可让学生写关于重量的数学小故事，说说生活中碰到的有趣的事，或者是收集整理重量单位的小知识，从而养成他们善于观察、善于思考、善于总结的好的学习习惯。

培养学生的创造力，在设计作业时应遵循两个原则：不要太难太烦，确保学生运用已学的知识能解决；不要有可遵循的模式，即不存在模仿性而需要创造性。

五、数学作业要克服封闭性，追求探索性与开放性，设计开放题，发散学生的思维

结合作业设计，培养学生思维的灵活性、敏捷性、深刻性、创造性与批判性，是数学教学的一项重要内容。而设计"开放性作业"，让学生在"多种解法"或"多种答案"中灵活运用所学知识，留给学生创新、发现的余地，并引导学生在阅读中广泛获取数学信息，则可拓宽学生思维活动的空间，培养学生运用多样化的解题策略解题，增强学生的创新意识与能力。例如：

甲、乙、丙、丁四位同学参加一次数学能力测试，甲得了87分，乙得了86分，丙得了95分，四位同学的平均分正好是一个整数分，丁可能考多少分？

像这类刺激同学自由思考，激发大家潜能的开放题可以给渴望老师表扬的孩子们更多的解题机会，学生就会跃跃欲试，课堂的气氛就可以调动

起来。而且老师也可以从学生的解题速度以及答案的准确度上了解学生的能力，还有学生分别都适合解答何种类型的题目，为日后的因材施教提供第一手资料。我们老师能力的体现，其中一方面就是是否准确掂量好了自己学生的分量，这种师生的互动让我们教师自身也得到了很好的锻炼，经验也有所累积。

以上是本人对作业的合理设计和安排作业重要性的看法以及如何设计作业的一些具体的做法。

另外，教师对作业的认真批改程度也直接影响到学生认真完成作业的积极性。教师认真批改学生完成的作业是学生积极完成作业的保障。教师不认真批改学生的作业会导致学生认为做不做没关系，反正老师不看，他们会认为自己的成果没有人会关注，因而在以后作业时会以交任务的形式来马虎完成，达不到留作业给学生的真正目的。所以，教师在批改作业方面要注意以下两点。

第一，必须认真批改学生的每道题，每个步骤。

很多题不止一种解法。可能解题的思路不同算的结果相同，尤其是新课程教学中，很多开放题的解法有多种，答案也是多种的，教师不能只凭参考答案来批改学生的作业，必须认真批改学生的每道题，每个步骤。在时间充分的情况下，最好事先把布置给学生的题目看一遍或做一遍。同时在批改作业中记录学生做的情况。对解题方法用得好的学生给予表扬，对做错的学生要指出其错在哪里，为什么会错，避免重复错误，使学生充分感觉到自己的作业被老师认真地看过了，认真地改过了，有要做好每次作业的动力。

第二，对学生做的作业要有一个衡量的标准。

本人在批改作业时都会给学生一个成绩，这个成绩必须是客观的，标准的，不能凭个人对学生的喜爱与否给出。因此在批改作业前必须算好一个题目多少分。这样会使学生为了得到好的成绩而努力学习。订正是十分重要的环节，必须牢牢抓住这点。我会给作业做得全对的学生100分，并写上日期。对于那些有错误的同学，将作业发还给他们订正，订正完后拿来批改，有错的再改，直到全对了才给日期。

所以在此我仍要强调的是希望老师们都能够努力落实好自己的职责，将100%的教学热情投入到对学生的有效教学中去，首先让学生感受到我们老师在诚心地教，然后再适时掌控学生的学习情况和心态情况，总结出一套符合学生学习要求的作业策略单——因材施教是成功的必备要素，最后认真地批阅精心布置给大家的作业。我们的目标是做到教学中的双赢：学生学得开心，老师教得顺心。

六个方面挖掘作业的内在潜质

北京市昌平区城关小学　柏继明（特级教师）

从 20 个世纪 80 年代开始，我就感觉到，学生的课业负担非常重，压得学生喘不上气来。有不少的学生不愿意写家庭作业，在家里写作业时一边写一边看电视，一边写一边吃东西，而且每天班里都有三两个没完成作业的学生，今天批评这个，明天又批评那个，真是按下葫芦起了瓢，收到的效果甚微。就是在学校里写作业，作业本发下来了，有的同学一看是个生硬的"×"，连看都不看一眼为什么错就朝课桌里一扔，对数学作业越来越害怕，知识的漏洞越来越多，从而对数学丧失兴趣和信心，数学成绩越来越差。面对这些棘手的问题，我开始深思：如何调动起学生对作业的积极性？如何减轻学生的课业负担？如何让适当的作业达到巩固知识的目的？从 1986 年开始，我进行了大胆的尝试，不给学生留笔头家庭作业，转变观念，改变方式，向课堂四十分钟要质量。这不但没有影响学生成绩，反而让学生学习的劲头更足了，兴趣更浓了，学习成绩明显提高。总结这些年的经验，我主要是从以下六方面去挖掘作业的内在潜质。

一、明确写作业的目的，加强书面交流

小学生由于年龄小，做事的目的性不强，难以控制自己，有人认为写作业就是在完成任务——给老师写，给家长写。我首先对学生进行写作业目的的教育，对学生讲："学习数学就像我们学习骑自行车和游泳，如果光老师讲要领，自己不去亲自骑车，不到水里游是绝对学不会的。我们写数学作业就是为了掌握知识巩固知识。只有通过写作业我们才能发现问题，发现了问题才能解决问题，最后才能掌握知识。写作业又像是一个人到医院检查身

体，通过透视、化验等方法检查人是否有病，如果有病要及时治病。如果有病装成没病，表面上是骗了医生，其实是伤害了自己。这就像有的同学，写错了作业不及时改正，表面上是欺骗了教师，其实是伤害了自己。为此，我们写作业时一定要认真，见到错题就像病人见到毒瘤一样，及早把它消灭掉。"

学生写完了作业交给老师，老师判完作业又发给了学生。学生需要得到老师在其所学知识上的评价，更需要情感上的沟通与鼓励，我尽量多一些温情，少一些冷漠。在给学生批改作业的时候，不仅是给出一个对错判定和作业成绩，而且还充分发挥作业评价的激励、引导、养成、交流的功能，根据不同学生的个性特点和每次作业的具体情况，在学生的作业后边写下一句或几句评语，用感情色彩鲜明的语言，动之以情，晓之以理，导之以行。这种评语有针对性，而且饱含着老师对学生的真情实感。我给学生的评语通常分为三类：

（1）鼓励性评语。对优秀的学生我经常使用下面这些语言："你的作业真有创意，就这样坚持与众不同。""你的作业干净整洁，像你这个人一样漂亮。""批改你的作业老师感到很幸福也很快乐。"……学生存在着差异，对后进的学生更需要给予鼓励性的语言，如："今天的作业写得太棒了，你进步了，我好高兴。""看了你的作业，给老师带来好心情，谢谢你。""你的进步证明了你实力，努力吧！你一定会成功的。"……

（2）期待性评语。期待本身就是一种鼓励，如："老师相信你，通过努力一定是一个很棒的学生。""你是一个很聪明的孩子，如果书写再认真点就更好了。""今天的作业比前几天有进步，如果你上课能专心听讲，你作业的正确率肯定会更高。"

（3）商榷性评语。教师根据不同的情况，有的直接给予更正，有的则是给予暗示，引导学生自己去更改。我会在要更正的地方写上："这题是否还有其他方法？""仔细观察，能否自己发现错在哪里？我相信，你能行。""这道题擦干净重做一遍好吗？""长方形周长公式你没记住，多默写几遍好吗？"……

几句简单的评语，是师生心与心的交换，会在学生心灵中产生强烈的震动，并带来学习的动力。

二、判作业同时，找错因，做记录

学生写起作业来大都很认真，但还是要出错。有的老师一见学生出错就气愤地马上"× 马虎"。我在判作业时，如果发现有五分之一的学生出现了同样的错误，我认为这绝对是教师本人的错误：或者是把学生估计过高，设计的层次不合理，台阶太高了；或者是易错的地方教师没感觉到，强调不够。我会反思一节课的全过程，找到失败原因，利用下节课及时补救。同时把学生爱出现的错误及时标注在书上，以便期末复习时引起重视，以后再教那节课时，我也喜欢用旧书，对学生易出现的问题及早预防，将之消灭在萌芽之中。

有不少学生的错题不带有普遍性，我会帮学生找到他错误的原因，并进行个别指导。

如一年级学生小强竖式计算 $\begin{array}{r} 128 \\ + 56 \\ \hline 174 \end{array}$ 和 $\begin{array}{r} 90 \\ - 37 \\ \hline 63 \end{array}$，他在列竖式时会对位，但总忘进位要点"."，错位还要点"."，我告诉他："手要勤，好脑瓜不如赖笔头。"及时出相应练习：

85+17=　　　　100−59=

又如六年级学生小平的四则混合运算：

$$1\frac{1}{2}+0.2\times0.4\div0.1$$

$$=1.5+0.8\div0.1$$

$$=1.5+8$$

$$=9.5$$

$$27\div（3\times0.09）-\frac{1}{4}$$

$$=27\div2.7-\frac{1}{4}$$

$$=10-\frac{1}{4}$$

$$=9\frac{3}{4}$$

小平同学知道四则运算顺序，小数加减法、分数加减法没问题，但是四年级时小数乘法没学会。我马上给他补习小数乘法，并及时出相应的练习：

0.4×0.6=

5×8.7=

再如四年级学生小志学习角的度量，别人量的是80度，他量的是100度，别人是30度，他是150度。小志的量角器摆放得很准确，问题是不知道看量角器内外圈哪个数字才对。我就指着量角器的角强调：角的一条边与量角器哪圈的0刻度线重合，就看哪圈刻度，然后再指导他练习量几个角。

当学生出现错误以后老师要帮助找到错的根源，做好记录，并在以后几天里不断进行巩固练习。教师要对每个学生的学习情况做到心中有数，才能因材施教。

三、找准突破口，形成良性循环

让少量的书面作业收到更大的效果，这在学生整个学习过程中应该是最后的程序，在实施这一环节前，通常应该还有许多重要的程序。在多年的教学实践中，我摸索出了调动学生"上课积极发言"这一突破口。

美国曾做过一个及时反馈效果的实验，把学生分成水平相当的三个小组，第一组每次反馈作业的对错，第二组每天反馈一次，第三组每周反馈一次。经过八周的实验，第一组成绩最好，第三组成绩最差。紧接着又做了一个八周实验，第一组是每周反馈，第三组是每次反馈，第二组不变，结果是第三组成绩最好，第一组成绩最差。

实验表明：反馈越及时，学生掌握知识越快，巩固得牢固。

好问、好说是儿童的天性，他们对自己知道的事情总想表达出来，对自己不懂的东西总想发问，这是求知欲强、好胜心切的表现。我善于利用这份天性，为所有的学生创造说的条件，给学生提供说的机会，把问题设在学生最近发展区，让学生敢说、想说、善说、会说。学生积极发言，不但培养了学生的语言表达能力、思维能力，同时也使教师及时了解学生的学习情况，及时作出教学的调整。教师及时给学生反馈信息，会使学生及时调整思维，及时掌握知识、巩固知识，提高学习效率。

班里每组都要评选"积极发言小能手"，同学们对这个奖项很感兴趣，而且容易得到。学生有了这个愿望，整个学习过程进入了良性循环的轨道：想当"积极发言小能手"→必须专心听讲→作业质量高→学习成绩好→学习兴趣浓。

学生从开始的想当"积极发言小能手"这个间接学习兴趣，慢慢转入了爱数学的直接学习兴趣。

四、让学生从作业中体验到成功的喜悦

小飞的妈妈对我说："我给小飞出了四道题，他高高兴兴地做了，可是错了一道，他还非让我给他写 100 分。我不给他写，错了题怎么还能得 100 分呢？结果，他哭了，一再求我，说不写 100 分，写个'优'也行，以后让他做多少题都没意见。您说这孩子怪不怪？"

几句话，引起了我的深思。孩子对于成功，对于优异成绩是多么需求、多么渴望呀。高年级学习较差的学生，在考试中要想得 100 分，真是比登天还难。如果一个学生失去了成功的喜悦，失去了学习的兴趣，一看见作业就头痛，一串的连锁反应，形成了恶性循环，会导致其学习成绩差。

为了充分调动学生学习的积极性，让每个学生都能体会到成功的喜悦，让较少的作业真正起到巩固知识的作用，让每个学生都养成认真书写的好习惯，我在批改作业上进行了新的尝试：不给学生留笔头家庭作业，只留课堂作业，作业虽少，但收到了事半功倍的效果。

我首先在班里宣布了批改作业的新方法：只设一个作业本，迫使老师必须当天的作业当天批改，学生当天的作业当天完成，当天的错题当天改正。如果作业全对但不整齐写"100"，清楚整齐但有错题只写"优秀"，作业全对又整齐既写"100"又写"优秀"。学生只要有错题，不一会儿，作业本就会经学生改正错题，又经老师批改后回到学生手中。如果在当天就能把错题改正，作业本上还能得"100"，这样作业就能得到"100 优秀"。

由于每个学生学习能力不同，他们对作业的需求也不同，如果只留"一刀切"式的作业，那就会有一些学生完不成作业，也有一些学生很快就做完了没事干，为此，我告诉学生们："咱们采取共产主义的分配原则，各尽所能，按需分配，能做多少就做多少。"我在留作业时，只留最低量，这个量所有学生都能完成，只要完成好，作业就得"100 优秀"，剩下的时间还有一些稍微难的题，可以随意做，根据超额完成任务的多少，老师给写"好"，有时一个学生一次能得到四个"好"。学生们的作业每月总结一次，表扬按

时完成作业的学生，夸奖、称赞超额完成任务的学生。

就是利用这种间接激励手段，学生们写作业的态度、写作业的质量、学习的成绩都发生了根本的改变。我再也不用逼着学生写作业，追着学生改作业了，而是学生积极主动地写作业，追着老师批改作业。

现在学生们已经习惯了，如果作业本一会儿又回来了，一定是有问题，他们会放下手中正做的事，马上改作业。有一次，天色已晚，我下班刚走到门口，发现我班小华同学手里拿着作业本气喘吁吁地跑了回来，把改好的作业交给了我，我不解地问："你不是已经回家了吗？"她说："我错了题，想在班里改，可还没改完，同学们做值日，教室里太乱，我就回家改去了，才改完，我怕您下班，就跑着来了。"我心疼地说："何必呀！你明天早晨再交不就行了。"她却认真地说："明天再交，就不是当天的错题当天改了，那100分就补不上了。"我恍然大悟。

我们每月总结一次作业，几乎所有的同学都能受到表扬，都能体验成功的喜悦。上午刚总结完作业，中午雪洁就给在合肥工作的妈妈打了电话。她告诉妈妈：十月份数学作业得了18个"100优秀"、27个"好"。妈妈高兴地鼓励了她，雪洁却谦虚地说："妈妈，您别太高兴了，我在班里不是最好的，人家还有得了34个'100优秀'的呢。十一月份我一定再努力，争取超额完成更多的任务。"雪洁的妈妈激动地给我打电话说："我所高兴的并不是她的成绩提高了几分，而是女儿具有积极主动的学习态度和不甘落后的竞争意识。"

小学生年龄小，做事目的性差，兴趣性强，争强好胜，我就采取激励手段，在培养学生直接兴趣的同时，激发他们的间接兴趣，他们越渴望写作业，我就越慎重地留作业，抓住儿童的心理：想得"100优秀""好"，就得认真写作业→要想写好作业，上课必须专心听讲→上课专心听讲了，作业质量就高→作业质量高了，学习成绩必然会好→成绩越好，兴趣越浓。这样就形成了良性循环，点滴的作业，收到了大于题海战术的效果。

五、作业形式丰富多彩，灵活机动

针对有的学生出现厌学现象，我进行了一番调查。我发现，他们厌的不是数学知识本身，而是一成不变的陈旧的教学模式。因此，我在给学生留家庭作业时，除前边说过的要及时反馈、分层作业以外，还十分突出趣味性、实践性。

数学知识的学习离不开与现实生活的联系，同时，现实生活中也有许多问题需要我们用数学知识来解决，而数学学习的一个重要目的就在于用数学解决日常生活和工作中的实际问题。华罗庚说："人们早就对数学产生了枯燥乏味神秘难懂的印象，成因之一便是脱离实际。"因此，新课标十分重视数学的实际应用，提倡教师应向学生提供充分参与数学活动的机会，帮助他们在自主探索和合作交流的过程中，真正理解和掌握基本的数学知识与技能，数学思想和方法，获得广泛的数学活动经验。

例如学习百分数应用题讲到银行存款、利息等知识，我就给学生留实践性作业：A.银行的功能是什么？ B.在昌平区内有哪几家银行？ C.本金、年利率、利息、利息税等词是什么意思？ D.从银行分别拿一张存款单和取款单。当正式讲这部分知识时，不用教师讲，同学们争先恐后地到前边来汇报，学生情绪高涨，兴趣盎然，对知识理解得非常透彻，每个人脸上都露出了成功的笑容。学完后，同学们都大胆设想要存款、取款的数目，认真填写了存款单、取款单，算出利息税和应取回的本金等。

我在讲圆锥体积之前，没有急于留家庭作业，而是告诉同学们这个作业挺费事，可做也可以不做。我先带同学们学习了一段名人名言："学习知识，如果是听，很容易忘掉；如果是看了，就记住了；如果动手操作了，就理解了。"这时再留作业：A.用书后提供的材料，分别制作一个圆柱和一个圆锥。B.观察比较圆柱和圆锥有哪些相同点。C.圆锥装满沙子或大米，倒入圆柱，反复几次，你发现了什么？ D.如何求圆锥的体积？

汇报作业时，同学们不但没有出现不完成作业的现象，而是你争我抢，相互交流，相互欣赏。我故意逗他们说："我不是说这个作业可以做也可以不做吗？"他们笑着说："大名人都说只有动手操作才算理解了，我们当然要追求最高目标了。"

我在讲珠算前先给学生读了一段报纸：

珠算是我国人民劳动智慧的结晶。周总理早在1972年就指出："要告诉下面，不要把珠算丢掉。"计算机在占人类计算80%的加减法中，不如算盘快。日本每年参加珠算技术等级考核的人就多达几百万。美国也掀起了珠算热，甚至在许多生产电子计算机的企业中，会计师也广泛应用着珠算。打算盘一方面使人的手指变得灵巧，另一方面对脑细胞也起着良好的刺激作用。对青少年来说，打算盘有助于脑细胞发育，能提高和促进脑部发展。

上完珠算课我又对同学们说："学习珠算不但可以帮助我们解决许多实际计算问题，而且对我们的身心、智力也大有好处。更重要的是，这也是在发展、弘扬咱们的民族文化呀！你们说，咱们能不认真练吗？"我没有留具体的家庭作业，第二天我统计了一下，回家主动认真练习的人数占全班同学的 94%。

六、作业形式丰富

学生初学长度单位时，即使教师引领学生经历了亲手操作感知的过程，一脱离直观学具光凭形象思维支撑解决问题时，学生也往往张冠李戴，错误百出。教学时，我引领学生利用直尺在手上、身上找对应的长度。如指缝宽度相当于 1 毫米，手指甲长度相当于 1 厘米，小手的长度相当于 1 分米，两臂张开约相当于 1 米等等。

课学完后，我留的家庭作业是这样的：（1）回家找哪些物体的长度约是 1 毫米、1 厘米、1 分米、1 米？（2）从昌平新世纪商城到阳光商厦约 1 千米，边走边数边计时，大约走了多少步？大约用几分钟？让学生充分感受 1 千米的长度。

苏霍姆林斯基认为："学生需要自由活动时间，就像健康需要空气一样。"实践证明：只要学生明确了写作业的目的，并能够及时得到反馈，作业的形式丰富多彩，评价的方法多种多样，让学生从作业中体验成功的喜悦，感受数学的魅力，我们完全可以减轻学生的课业负担，让少量的作业发挥更大的效益，给学生更多的时间，更大的空间，让他们自己去观察事物，思考和解决问题。真是事半功倍。

浅谈作业设计的有效性

浙江省舟山市定海区北蝉中心小学　张文春

　　"以学定教"使我们的课堂在转型，"以学生的学习为中心来组织教学"则使我们的作业在转型。作为数学教师，就应该把培养学生学习数学的兴趣，挖掘学生的潜力，提升学生分析和解决问题的能力放在突出位置，设计出形式多样、学生乐于接受的有效作业。如何设计出一份有效的数学作业，是横亘在我们面前的一道梁。下面谈谈对作业设计有效性的几点思考。

一、黑云压城城欲摧，摆正认识几多难

1. 我们对作业的认识

　　在平时的教学中，作业是学生进行学习最基本的活动形式之一，学生概念的形成、知识的掌握、方法与技能的获得、智力和创新意识的培养，都离不开作业这一基本活动。而长期以来，我们在认识"课外作业的地位与作用"方面存在明显偏差，片面认识的多，全面认识的少，肤浅对待的多，深入思考的少。有的认为：不布置课外作业，学生会玩疯，忘记了学习；有的认为：布置课外作业是为了弥补课堂学习的不足；有的认为：做一遍比不做好，做十遍比做一遍更好；还有的认为：要使成绩好，作业少不了；……诸如此类的认识只是停留在浅层，全然置学生的感受、学生的发展于不顾。

2. 摆正对作业的认识

　　"作业"一词在《现代汉语词典》中的解释是："教师给学生布置的功课"。作业的目的是为了进一步消化和巩固所学的知识，形成相应的技能，从而培

养学生应用知识的能力和发展学生智力。布置作业的目的是为了把教学与现实生活实际联系起来，让学生在理论与实际操作中学习，通过实际生活来激发学生学习文化知识的兴趣，培养他们的创新意识和实际操作能力，感受知识和生活的联系，使每一个学生喜欢学习各类知识，喜欢做作业。因此我们要以新课程标准精神为依据，确立以学生为本的基本理念和面向全体、重视学以致用的作业评价观，使学生的个性在这里得到张扬，人格在这里得到尊重，情感在这里得到体验，从而使学生的生命在这里得到发展。

二、自在娇莺恰恰啼，学生分层是有效作业的空间

在实际教学中，对一个班的几十个学生实施不同的教学是很难做到的，不可能给学生不同的教材，老师在一个教室里只能是一个讲法，是没有足够的精力每节课都去因人而教的。所以老师在布置作业时最好的操作就是根据学生的情况，把学习问题设置成难中易几个层次，实施过程中把学习问题与学生对号入座。

（1）在班上针对学科的实际情况，和学生一起进行分析，让学生对自己作出正确的评价，评价自己的现状，分析自己应该属于哪一类（A类：学习困难生；B类：学习中等生；C类：学习特长生）。

（2）学生申报类别，教师加以补充更正。允许学生有一个初试的过程，并随时对自己申报的类别加以调整。对于达到目标的孩子给予表扬，不光是表扬学习特长生，也包括中等生和学困生但有进步的孩子。

对学生的层次不能单纯地以学习成绩为依据来简单机械地划分，因为这样往往偏差较大，而应采用模糊聚类分析、相关分析、综合评价及动态分析等方法进行科学的分析与研究。

三、横看成岭侧成峰，优化作业类型是有效作业的基础

陶行知先生认为，教育具有连锁性：教的法子要根据学的法子，学的法子要根据做的法子，所以"做"是"学"的基础。教师亲手设计作业，势必要在选题、编题上下功夫，要根据自己的教学技能和学生的智力等实际情

况精心考虑好作业的范围、要求和时机，从题海中精选，确保作业富有典型性、系统性、启发性和挑战性，在作业形式上还可以作一些创新。作业的设计应讲求实效性，要充分发挥学生主动做作业的精神。

1. 趣味性作业

兴趣是最好的老师，它能激发求知的欲望，促进思维的活跃，保证学习的持久。学生的行为方式受情绪影响很大，感兴趣的事情干得起劲，反之则消极对待。因此，我们的作业设计首先要有趣味性，要有能"吊起"学生胃口的作业，使学生一看作业的内容就有劲，就想跃跃欲试，这样学生主动参与的积极性就会高涨，作业的质量还愁没保证？这样的作业符合了学生学习的心理和特点，并且能够弥补传统作业死板、机械、枯燥、乏味的缺陷，极大地激发学生的兴趣。

2. 开放性作业

学生在解题过程中，常会出现思维定势，对那些将课本上的内容稍作变化而形成的各种作业，学生便无从入手，为了改变这种局面，可设计些变式练习，让学生解答，以便学生理解问题的本质。通过开放式练习，诱导学生发散思维。学生的思维活跃了，才能激发他们的创新思维向纵深发展。例如教学"小数乘法"时，可以设计这样一道开放题：

根据积的小数点位置，在因数上点上小数点：（1）$724 \times 303 = 219.372$；（2）$215 \times 12 = 0.258$。

由于积的小数点已定位，这样，因数是几位小数会有多种情况。可以让学生充分发挥想象，作出多种不同的解答。这个开放题是针对小数点定位这个重点而设计的专项训练。利用题目的开放性，让学生的思维有驰骋的空间，也能使数学知识的运用更灵活、有创意。

3. 分层性作业

从教育心理学角度分析，学生的身心发展受先天以及后天诸多因素的影响，存在着差异。要想让不同层次的学生都能在完成作业的过程中获得成功的体验，教师就必须采取作业分层的策略，让学生自由选择适合自己的作业习题，品尝属于他们自己的劳动果实。学生根据前面的分层，有机选择自己的作业。

四、我看青山多妩媚，评价多元化是有效作业的重点

对学生的作业进行科学、全面的评价，能起到激励教育的作用。因此，作业评价将由对纯知识结果的关注转向对学生生命存在及其发展的整体关怀，作业的评价功能将重在帮助学生发现与发展潜能，认识自我、展示自我，促进学生生命整体的发展。另外，在评价方式上，应提倡多元评价，淡化单一的、终结性评价，注重作业对学生成长的教育发展功能。

1. 亮点评价，激励当先

尊重每一个学生，尤其是尊重他们的学习成果。评价时我们变过去那种"区分性评价"为"激励性评价"，对不同性格、不同程度的学生写不同的评语。特别是对性格较内向、感情较脆弱的学生尽量捕捉其作业中的亮点，给予鼓励、肯定，让他们树立信心，看到今天比昨天好，相信明天比今天一定会更好；对进取心较强的，但又较容易满足于现状的学生，在肯定其成绩的同时，要多指出存在的问题，给他们以适当的压力，提出更高的要求。

2. 多向评价，共同参与

我们改变过去"单一的评价"形式为"多向评价"，让学生也参与到作业的评价中去。采用学生自评、小组互评、教师总评等多元多向评价，让学生通过这样的评价，及时纠正自己的错误，指出别人的错误，正确评价自己与他人，把评价权交给学生，真正培养学生主动探索的主体意识。同时，也可让家长参与到评价系统中，请家长对孩子在家中、社会上的表现作正确客观的评价。总之，通过将主体评价与客体评价有机结合，实现评价多元化、民主化、多层次化，从而让学生在一个充满自信的生长环境中得到可持续性发展。

3.多次评价，体验成功

对多数学生来说，很难一次就将作业做得很满意，而且也不易养成主动改错的习惯。但是每个学生都希望得到赞扬与鼓励，都希望获得成功。如果学生每次体验到的都是失败，他们就会变得心灰意冷。对此，教师可以选择推迟作出判断的方法。如果学生自己对某次作业觉得不满意，就可以鼓励学生提出申请，并允许他们重新解答。当学生通过努力，改正原作业中的错误后，教师可以就学生的第二次作业给予评价，并给出鼓励性的评语。我们在学生第一次作业中错误的地方不打"×"而打个"？"，待学生修改之后再作评价。这种多次评价作业的方式，既利于学生养成细心改错的习惯，又让更多的学生获得成功的体验，从而增强学习的自主性和自信心。

"教者有心，学者得益。"作业是课堂教学的延伸，它的精而细优化设计，可以最大限度地拓展学生的减负空间，真正将"轻负优质"教育落到实处，"有效作业设计"的那一片蓝天，将成为一道幽香的风景。

追求高效的练习课

江苏省金坛市华城实验小学　孙保华

练习课对于学生数学知识的掌握，数学能力的培养，数学素养的提升有着重要作用。但在教学常规检查和随堂听课活动中我们发现，有的教师忽视了练习课的备课，教学练习课缺少设计或根本就没有教学设计，有的教师把练习课上成习题课，致使练习课的效率低下。如何上好练习课，提高教学效率，是值得重视的问题。

一、关注：从文本走向生本

对于一节练习课，我们要根据不同练习内容的特点和学生的学情状况，紧扣教学目标，突出教学重点，使学生通过练习课有所提高。这就需要教师从学生的视角关注练习课的教学。

1. 准确把握学生学情

学生是教学的主体，也是教学的起点和终点，把握好学情是上好练习课的前提。首先，要重视把握学生的练习心理。练习课的学习内容相较新授知识而言，会更抽象、枯燥，所以应关注学生的练习心理，把握其心理特征；其次，要尊重学生的学习起点。数学课堂是动态变化的，练习课的学习起点是在新授课的教学中建立的。应重视把握学生的学习情况，教师在设计练习课时有必要对前面的新授课进行复习，找出新授课之后还存在的问题，再根据不同情况在练习课上实施不同的策略，进行有效教学。

2.准确把握教学目标

（1）目标要导学化。

教学目标设计的着眼点，不应是指导教师怎么教，而应是直接指导学生怎样学，不应是以教师为中心，而应是以学生为主体，要立足学生实际，设计有效的训练点、生长点。所以拟定目标时，应准确地表达出学生应达成的学习结果是什么，在练习活动结束后学生身上所发生的行为变化是什么。

（2）目标要过程化。

教学目标着力点要放在学生活动的开展和学习空间的拓展上，不仅每一项目标要隐含着一个过程，而且还应给出明确的活动过程指导，同时又要注意把具体的操作或探究细节过程交给学生，让学生"卷入"教学过程。在过程化目标引导下，学生自己思考、自主探究、自行解决问题，使自己真正成为"学习的主人"，知识的汲取、方法的获得以及情感的体验，尽在自主探究的潜移默化之中。

（3）目标要一体化。

教学目标也应关注知识技能、数学思考、问题解决和情感态度四个维度，这四个维度不应该孤立机械地叠加，而应是相互联系、相互渗透、合理组合成的一个有机整体。因此在设计练习目标时，要根据学生的认知特点和知识发生、发展的规律，从有利于四维目标的融合角度出发，对各项目标进行有效的深化组合。

例如，苏教版五上"解决问题的策略——列举"练习课目标设计如下：

学生通过练习进一步掌握在具体情境中运用列举法解决实际问题。

通过练习，学生进一步感受使用列举法时的有序性，逐步形成有序思考的良好习惯。

通过练习，学生进一步发展运用数学方法解决生活问题的意识，提升解决问题的能力。

通过练习，进一步体验数学和日常生活的密切联系，在应用中感受价值，在收获中享受快乐，激发学生学习数学的兴趣。

尽管练习课的目标是建立在新授课教学效果基础上的，具有动态性，但它并不是虚无缥缈的，无论怎样的定位，每节练习课我们都不应当忽视或迷失基本的教学目标。这个基本目标的指向应是明确的，它也是练习课的底线。拿"圆的面积计算"这节课来说，进一步提高学生对圆的面积的计算能力是基础的目标，无论是动态的目标还是生成性的目标，都应当围绕这个基础性目标来展开，如果偏离了这个重点，那练习课的目标就会成为空中楼阁。

二、设计：从零散走向系统

数学教科书的编排体系具有一定的逻辑性，知识的逻辑性决定了数学练习的系统性。练习不仅要精心设计，做到有计划、有目的、有步骤地进行练习，而且在练习的内容上，还要达到落实双基、提高能力、发展智力的要求。

1. 围绕重点知识设计练习

练习课和新授课一样，也要突出重点，练习内容要紧扣教学目标，目的明确，有针对性。分层次，由易到难，这样就可以做到练习目的明确，重点突出，有针对性，不平均使用力量，容易的少练，较难理解的重点练、反复练。这样才能使学生的基础知识掌握得更扎实。如在小数除法中根据除数的小数位数"移位"和给商的小数点"定位"，在小数乘法中为积的小数点"定位"，都是教学中的重点和难点，可以组织有针对性的单项练习，压缩非重点的计算环节和过程。（1）练习将除数改写为整数的除法，不必计算出最后结果：$7.8 \div 2.6$，$0.42 \div 0.35$，$13.5 \div 0.045$。（2）根据"$875 \div 25 = 35$"直接写出下列算式的结果：$8.75 \div 25$，$0.875 \div 0.35$，$87.5 \div 0.25$。（3）根据$73 \times 202 = 14746$，直接写出下列算式的结果：7.3×20.2，0.73×2.02，7.3×0.202。

2. 围绕新旧知识设计练习

数学知识具有很强的逻辑性。因此，练习课上要注意根据本单元知识间的前后联系，从基本题出发，循序渐进地设计练习内容和增加难度。通过练习，引导学生自觉经历知识形成的过程，沟通知识的横向和纵向联系，以便使学生既巩固了新知识，又能将前后知识融会贯通。

例如，在学完"长方形和正方形面积"后设计了如下练习题：

1. 用一根 20 厘米长的铁丝，能围成几个不同的边长为整厘米数的长方形和正方形？它们的周长一样吗？它们的面积分别是多少？

（独立操作并把所得结果填入表中，接着小组内进行交流，并进行有序整理，分析表中数据，得出结论。）

2. 李大爷准备用 32 根 1 米长的栅栏围一块长方形或正方形菜地，菜地的最大面积是多少？

这组练习把周长和面积的知识与现实生活紧密结合，集现实性与挑战性于一体。学生在练习第一题时，在广泛获取信息的基础上，尝试发现规律，教师引导学生利用发现的规律解决第二题，既拓宽了学生思维活动的空间，又沟通了知识间的联系。

3. 围绕小结设计练习

学完一课时或一个单元之后，要紧紧围绕小结内容（概念、性质、法则、公式等知识内容的总结）设计练习，以便学生进一步弄清知识之间的联系，达到综合掌握知识的目的。

例如，学完"多边形的面积计算"一单元后，在练习课中设计了如下的练习：

1. 请同学们动手将三角形、梯形、平行四边形纸片各剪一刀，变成两个大小不同的图形，再计算它们的面积。

（学生们积极动手动脑，创造出各种不同类型的图形，并计算出了它的面积。）

2. 请学生用橡皮筋在自制的钉子板上，围出一个面积为 12 平方厘米的图形。

〔学生经过四人小组的合作讨论，反复思考，动手操作后，向大家汇报围出的图形。如围成的长方形有 4×3、6×2、12×1；围成的平行四边形有 12×1、6×2、4×3、1×12、2×6、3×4；围成的三角形有

6×4÷2、8×3÷2、12×2÷2、3×8÷2 等；围成的梯形有（1+7）×3÷2、（2+6）×3÷2、（1+5）×4÷2、（2+4）×4÷2 等。]

通过这样的练习，学生不仅牢固地掌握了这些已学平面图形的面积计算公式，理解了它们之间的内在联系，而且进一步悟出了它们有一个共同的本质特征，即面积应是两个相关长度的乘积。

三、探索：从肤浅走向深刻

练习课绝不能仅仅停留在反复的计算操练上，也不能一味地在技巧上拓展。我们在设计练习时，有意识地设计一些能开拓学生思路的，有利于学生自主探索不同解决问题策略的开放题，或者设计一些条件多余的，或答案不唯一的开放题，给学生提供较为广阔的创造时空，有利于不同水平学生展开发散思维，从肤浅走向深刻，标新立异，大胆创新，培养学生的推理能力和创新意识。

例如在学完"百分数的认识"后，可以设计这样一道题：把含盐 16% 的盐水 40 千克改制成含盐 20% 的盐水，该怎么办？这样一个灵活性较强的问题，引起了学生从不同角度进行分析思考。提高浓度的途径：使盐水中的盐变多——加盐，使盐水中的水变少——蒸发水，由此提出两个不同的问题:（1）需加多少盐？（2）需要蒸发多少水？从而使问题思路明朗化。当加盐时盐水中水的质量不变，当蒸发水时盐水中盐的质量不变。学生的思维沿着不同的方向展开，最终得出两个不同的答案。学生常常希望自己是一个发现者、探索者，老师可以创设一种"探索"的感受意境，让学生在解决问题中感到乐趣无穷。通过这样的练习，能给学生创造一个更为广阔的思维空间，满足了不同层次学生的需要。

四、反思：从感性走向理性

课堂中教师结合练习给予指导，给时间让学生进行反思，并对反思的结果进行交流。学生在与他人的合作交流中相互学习，逐步完善自己的思考过程和认知方式，不断提高解题后的反思能力。逐渐地，学生做完题后会反思了，也有了主动性，再做此类型题时很快就能解出来，这使他们感受到数学其实并不难，增强了数学学习的自信心，从而喜欢数学并主动探究数学。

1. 留下意识

数学意识是指遇到问题时能够自觉地从数学的角度进行观察和思考，能用数学去观察、解释、表示事物的数量关系和空间形式，形成一种数学化的思维习惯。如，一节体育课上，老师组织跳绳活动，全班 45 人，老师准备了 5 根跳绳，一位学生想到 45÷5=9 这个算式，老师会让大家 9 人一组来活动。这说明学生不仅掌握了除法计算的基础知识和技能，而且数学意识也得到了较好的发展。

2. 留下思想

数学思想是对数学知识和方法的本质认识，是对数学规律的理性把握。学生数学思想的形成要经历从感性认识到感悟、理解的过程。如设计这样的练习：

在括号内填上适当的数。
（1）1、2、3、4、（　　）、6、（　　）、8…
（2）1、3、5、（　　）、9、（　　）、13、15…
（3）1、4、9、（　　）、25、（　　）、49、64…

让学生独立经历分类、对比、猜测、验证、证明自己猜想的正确性，并归纳得出结论，在体验数学思考感性认识的同时，又积累了数学逻辑推理的经验。

3. 留下经验

我们所说的经验主要指数学练习中积累的经验，是学生在练习过程中形成和积累的过程性知识，具有动态、隐性和个性化等特点。经验在学生的数学学习过程中有着重要的作用，是学生理解数学知识，形成数学意识和数学思想的基础。例如，在学习了长方体、正方体、圆柱、圆锥等立体图形后，我们鼓励学生参与用小棒搭建模型、设计包装盒、制作灯笼等实践活动。学生不但掌握了点、线、面、体的特点，更积累了大量数学实践活动经验。这些隐性的内在体验对于学生数学素养提升的作用不可估量。

五、分层：从差异走向成功

对学习的评价要关注学生的学习结果，更要关注他们的学习过程；要关注学生的学习水平，更要关注他们在学习活动中表现出来的情感与态度，帮助学生认识自我，建立信心。一个班级中总会有优等生和后进生，个别差异是客观存在的，因此我们要分层评价，让学生体验成功，乐于上练习课。

（1）在练习课中要营造一种和谐、民主、积极向上的氛围，在提问时要针对不同层次的学生设计不同的问题。同一问题，不同的学生回答，要有不同的评价，如果答错了，千万要给一个台阶，让他下次敢于表达自己的观点，如："回答不够全面，但你已经抓住了机会，很好。""乐于表达自己见解的人是勇敢的人！"

（2）布置作业要有不同要求，鼓励勤练为主。如一道大题有六道小题，可以取三道典型题作为必做的基础题，做对可得满分。其余的多做则加分，如果能补充题，那么加更大的分值。在批数学练习时，也要适当写上一两句鼓励的话，如："你上课很认真，题也做对了，你很棒！""你将成为班中的领头雁。"学生从老师那儿得到了鼓励，从同学们那里得到了安慰，学习的劲头足了，题也能做对了，真可谓"成功是学习之本"。

我们教师要寻找提高练习课的有效方法，实施有效的"练"，让学生在"练"中出"成效"，在不知不觉中形成能力，提升素养。唯有这样，面对不同的练习课（或练习），我们才会自觉地从学生的视角去思考、去挖掘、去处理，才能真正提高练习课的有效性。

关注数学作业设计，提高数学思维能力

北京市大兴区榆垡镇第一中心小学　梁会武

随着新课程标准的深入实施，大多数教师都比较重视课堂教学的革新，现在，课堂的教学观念、教学形式和教学水平都发生了质的变化。然而，沉重的书包，繁重的作业，高度的近视已成为现代小学生们形影不离的"朋友"。而知识的时代，竞争的社会，发展中的中国又在渴望着新一代的新型人才。如何解决这一矛盾？我们不但要关注课堂，更要关注作业的设计。小学数学作业是数学课堂教学的延伸和继续，是课堂内容的提升和综合，是学科知识的应用和迁移。合理的数学作业的设计有利于学生更好地掌握知识和技能，进而使学生在思维、情感态度与价值观等多方面得到进步和发展，并形成乐于探究的意识，从而全面实现数学教育目标。

一、新课程背景下数学作业的特点

在实施新课程背景下，数学作业设计要遵循学生学习数学的心理规律，强调从学生已有的生活经验出发。具体说来，数学作业有以下特点。

（1）趣味性：内容新颖，形式多样，诱发学生学习的兴趣和动力。特别是对于小学生而言，趣味性的作业更是让他们学习数学的过程成了一个生动活泼、主动的学习过程。如教学"分一分"后，让学生回到家，把自己的玩具拿出来，用课上学到的方法，给它们分一分类，看一看有几种分法。这种作业方式一定是一年级小朋友最开心的作业，而且效果会极佳。

（2）针对性：把握重点，针对难点，有的放矢。与课堂教学相结合，不重复，有梯度性。

（3）生活性：数学作业应面向学生的生活，作业设计可以与儿童的家庭、生活、社会及其他学科的学习活动紧密结合起来，构成一个和谐的学习整体。学生可以自主地选择适合自己的作业，体验成功的乐趣，展示自己，发展个性。

（4）实践性：联系实际，手脑并用，培养能力。包括资料的搜集，小组交流合作，汇报集体评价。

（5）创造性：激发思考，启迪思维，发展智能。采用鼓励性评价，发展优点，并提出更高要求。

二、数学作业的具体形式

1. 设计童趣性的作业，让学生成为学习的热情者

"兴趣是最好的老师"，新课程标准也指出要从学生熟悉的生活情境与童话世界出发，选择学生身边的、感兴趣的事物，以激发学生学习的兴趣与动机。作业设计时，我们应从学生的年龄特征和生活经验出发，设计具有童趣性和亲近性的数学作业，以激发学生的学习兴趣，使学生成为学习的热情者和主动者。

如在学习了"因数是一位数的乘法"后，我设计了一道"帮助小兔找门牌号"的游戏性作业，即：小兔接到小熊打来的电话，邀请小兔到它家去玩，小熊说，它家的门牌号是 108 号。可小兔到了小熊居住的小区一看，傻眼了，原来这里的门牌号都是一些乘法算式，你们能帮帮小兔找到小熊家吗？为了改变原有计算题枯燥、乏味的现象，可设计一些如"找门牌号""小猴闯关""小壁虎找尾巴""登上宝座"等带有童趣味的游戏性作业，把一道道计算题融合在故事情节中，让学生在轻松愉悦的氛围中，掌握运算的方法和技能，提高学生的计算能力和学习的兴趣。

2. 设计探索性的作业，让学生成为问题的探索者

学生完成数学作业也是一种数学学习活动，而有效的数学学习活动不是单纯地依赖模仿与记忆，而是学生动手实践、自主探索与合作交流，这样学生对数学知识、技能和数学思想才能真正理解和掌握，才能获得广泛的数

学活动经验。为此，在作业设计时，要根据教学的内容以及学生已具有的数学活动经验，设计一些以学生主动探索、实验、思考与合作为主的探索性作业，使学生在数学活动中成为一个问题的探索者。

（1）观察作业。观察是思维的窗户，它可以帮助学生发现问题，发现事物的规律和本质。如学习"轴对称图形"时，可布置这样的作业：

> 请观察蝴蝶、天安门的平面图的形状，有什么发现？对具有这种特征的图形你有什么感觉？

（2）调查作业。让学生在生活中进行数学调查，可以培养学生的探究能力和增强学生的数感。如数学活动课"节约用水"教学完后，可布置这样的作业：

> 调查家里或学校每月的用水情况，根据调查的结果，写一份合理用水的建议书。

（3）实验作业。让学生进行实验、操作，可以帮助学生深入理解知识和发展能力。如学习"按比分配的应用题"后，可布置这样的作业：

> 根据自家中消毒液的说明书自己配置一些消毒药水给厨房用品消毒。

（4）小课题探究作业。让学生运用所学的知识和经验进行探究，不仅能引导学生深入理解数学，体验乐趣，而且能帮助学生自主建构知识。如学习了"比例尺"后，可布置这样的作业：

> 给家里的客厅制作一个平面图，并思考：你认为这客厅的设计和摆设合理吗？你有什么改进的措施？为什么？请你写一篇探究报告。

3. 设计生活性作业，让学生成为知识的实践者

生活是学习数学的场所，也是学生运用数学解决实际问题的场所。为此，可在作业设计时，创设生活性的实际问题，促使学生尝试从数学的角度

运用所学的数学知识和方法寻求解决问题的方法，体验数学在现实生活中的价值，使学生认识到生活中处处有数学，生活离不开数学，并逐步成为一个知识的实践者。

如学习了长方形、正方形的周长和面积后，可让学生做一回装修设计师：

如果你家的地面要进行重新装修，你能为你爸妈提供一份装修建议表吗？我们可以从下面几个问题来考虑：

（1）每个房间的长和宽分别是多少米？每个房间的面积分别是多少？

（2）根据自己家庭的生活条件和自己的爱好，在材料表中选择你需要的材料，所需材料的量及所需的钱数是多少？

（3）如果在客厅、餐厅的四周贴上大理石条，共需要多少米？

4. 设计层次性的作业，让学生成为实践的成功者

受文化环境、家庭背景及自身因素的影响，学生之间的数学知识和数学能力的差异是客观存在的。我们的教育是面向全体学生的教育，要让"不同的人在数学上得到不同的发展"。为此，在作业设计时，不能"一刀切"，应该从学生实际出发，针对学生的个体差异设计有层次性的作业，为任何一个学生创设练习、提高、发展的环境，使每个学生成为实践的成功者。

（1）"套餐"型。根据不同层次的学生设计模仿练习、变式练习、发展练习，让学生根据自己的实际情况自由选择自己需要的作业。

（2）"多味"型。根据学生之间的差异，设计些具有不同的解决方式和结果的练习题，以满足不同层次的学生的需要。

5. 设计自主性作业，让学生成为学习的主动者

"学生是数学学习的主人"，在作业的设计中，要充分体现学生的主体地位，提供给学生自主参与探索，主动获取知识，分析运用知识的机会，尽可能让学生对自己的作业进行自我设计，自我控制，自我解答，让学生真正成为学习的主动者、探索者和成功者。

6. 设计开放性作业，让学生成为应用的创新者

现实生活的问题往往存在于比较复杂的、信息不完备的现实情境之中，它的解决不仅需要学生具有发现问题、分析问题的能力，而且需要学生具有发散性的思维和创新的能力。为此，在设计作业时，要设计以激发学生的创新思维为目的的开放性的作业，使学生真正成为一个创新者。

如学习了"百分数应用题"后，可设计这样的题目：

> 一个家庭去某地旅游，甲旅行社的收费标准是：如果买 3 张全票，则其余人按半价优惠；乙旅行社的收费标准是：家庭旅游算团体票，按原价的 80% 优惠。这两家旅行社的原价均为每人 1000 元。
>
> （1）如果你家去，你准备选择哪家旅行社呢？
>
> （2）看到这些信息后，你对其他家庭去旅游有什么建议呢？

作业设计是门艺术，必须以数学课程标准中的基本理念为先导，以学生的发展为根本，讲求作业的"质"，让学生做有价值的数学作业，以达到促进学生全面发展、和谐发展，提高教学质量的目的。

三、数学作业设计应注意的问题

要让通过精心设计的数学课作业起到应有的作用，除了形式要多样外，教师在设计时，还得注意以下几个方面：

（1）作业设计的目标要有针对性和合理性，能使学生有的放矢地学习，让他们通过探究、操作、交流、分析，获得成功的喜悦。

（2）数学课作业要能促进学生自主、生动活泼地发展。根据学生年龄特点、针对不同层次学生的实际情况，作业设计要难易合理，具有趣味性、可操作性，以利于学生的个性发展。

（3）作业的评价要有激励作用，对学生的作业采取定量评价、弹性评价相结合的评价方法。可以通过汇报会、展览、比赛等形式，让学生把自己的作业成果用自己喜欢的表达方式告诉别人，并在交流中产生成功感，以此进一步培养学生的兴趣，激发学生探究的热情。

完成作业是一种数学活动，这种数学活动是数学课堂教学的补充和延伸。因而我们应强调做作业的做，体现一种活动的过程，这种活动可以由一人完成，也可以通过互动式的交流分组完成。它已经不再是以练为主，而是以做为主，通过做来体验数学，认识数学，掌握数学的思想和方法，进一步培养学生的探究能力和创新意识。

以人为本的教育观念对教师的教育观念提出了更高的要求，要把学习的主动权交给学生，但也不是放其不管，而是要求我们不但要有驾驭教材的能力，而且要有较强的设计能力。

数学作业的设计，是一件具有创造性的工作。在全面实施新课程的今天，数学课程需要数学的作业设计及策略。我们教育者要"敢入未开化的边疆"，做"敢探未发明的新理"的"第一流的教育家"。

作业量少也能质变

江苏省无锡市惠山区长安实验小学　屠莉敏

一次数学单元练习后照例进行了试卷分析，然而令我意想不到的是：全班竟有 14 人抄错数字导致出错，还有十几人或看错符号或计算中进退位忘记算或横式结果未写、余数忘写而错，个别学生还有题目漏做的现象，绝大多数的错误都是粗心导致。当时真想冲进教室把学生狠狠训斥一顿。可冷静一想：骂一通或者让他们把错题抄个五遍十遍，管用吗？随即又询问了同年级的老师，情况类似。看来，作业马虎、粗心这已是一个共性问题。通过调查和访谈，发现学生普遍反映作业比较多，有些望子成龙的家长还有额外作业。仔细分析，这里有一个内隐的、不容忽视的问题，就是家长和老师都在潜意识中把学生当作笨学生和懒学生了，总是不放心，信奉的是"从量变到质变"。学习，不能没有作业，也少不了复习和预习，但并不是作业越多越好，用的时间越多越好。作业布置一锅粥，很多是一遍遍地重复做题，学生成了解题机器，厌学厌做就成了普遍现象。为此，我用了整整三年时间进行了一个实验，就是坚持除了双休日外，平时不布置课外作业，学校里的大小练习册也根据情况只选做 50%。为了保证质量，我从以下几方面入手，取得了相当好的效果。

一、保证作业时间

要做到这一点，教师首先要改变观念：不是讲得多课堂效率就高，学生掌握就得好。我给自己定下要求：每节课留有 5 ～ 10 分钟时间，让学生完成最基础的作业。开始时，总感觉匆匆忙忙来不及，有些该讨论的内容不敢放手，变得能简则简，该操作的内容点到即止，草草了事，效果并不理想。

通过分析，发现课堂中有一部分时间完全是由于学生不够投入或备课考虑不周而浪费的。于是我一方面加强备课，尽量多考虑各种可能，作好充分的准备；另一方面，把自己的想法明确告知学生，共同努力，尽量在课堂上完成作业，提倡"学要学得认真，玩要玩得痛快"。这一招果然奏效，上课开小差的学生明显少了，积极发言的多了，小组合作时学生不再做"看客"，都很投入，教学速度明显加快，百分之八十的作业能在课堂上完成，作业质量也相应提高了。

二、规范书写格式

书写不规范是导致作业错误的主要原因，所以我首先提出作业书写的要求及规范，该用尺的地方要用尺，特别对横式、竖式、递等式的格式，数字之间空的距离，作了统一规定。平时注意指导 0 ～ 9 数字的美术字写法，传授书写美观的窍门，教师在课堂板书时随时作好示范，尽量工整美观，学生板演时及时评价与指导，经常举办一些作业展览，发挥榜样作用，发现学生作业有进步及时表扬强化，创造机会给学生潜移默化的感染。没过多久，我们班的作业清洁度整体上了一个台阶，错误明显减少。

三、培养检查习惯

要让学生自觉养成检查的习惯，这是一个让众多老师头疼的事，有些题目规定检验的，学生姑且形式一下，没要求的根本无法知晓学生是否检验。所以首先在每次作业前提醒学生及时检查，逐步加强检查的意识；其次作业尽量面批，有针对性地抽学生说出检查方法或步骤，"逼"着学生在批作业前先检查一遍，帮助学生养成自我纠错的良好习惯。针对学生的思维定势和过于兴奋等原因形成的某些心理性错误，在教学中我着重使学生养成做作业注意力集中、兴奋适度等良好的学习习惯，方法有：(1)加强逆向思维训练。提供适当的变式情境，加强变式练习，使学生对概念、法则的理解更精确、概括，易于知识迁移，突破定势干扰，提高作业正确率。(2)适度调控学生的情绪。我一向认为，只有在全神贯注中才会减少不必要的错误。学生作业时，一般情况下我喜欢用眼神、手势和肢体语言提示学生专心做题，安静作业。（3）提高学生自觉估算的意识。经调查，学生的估算意识很薄弱，要求估算的题目较多时学生往往采用先算再估，教师一般也听之任之，因为考试也看不出是否估算。在计算教学中，我喜欢先让学生估一下大致结果，让学生讨论估算的方法，比一比谁的方法最简捷实用，再通过计算进行比较，观察结果是否合理，这样既可避免一些低级的错误，还能提高学生的口算能力。对一些常用的数据要求熟记，如 $25×4$，$24×5$，$125×8$ 等，提高计算敏捷性。（4）教给学生必要的检查方法：首先再次读题目和要求，看选择的方法是否符合题意；其次检查数字、符号有没有抄错，是否漏写；再次检查计算顺序是否有误，计算是否正确，特别注意进退位。我鼓励学生把自己的作业当成同伴的，自己当一回老师，先批一遍，学生积极性较高，效果不错。

四、巧用激励评价

让学生对作业感兴趣，除了习题本身要有趣味性外，还应该利用适当的奖励手段，提高学生做作业的积极性。给既对又好的作业打上"★"，在书写有进步或解答方法有创意的作业本上留下激励性的评语，如"漂亮""真棒""奇思妙想""新鲜"等，让学生明确自己在作业方面奋斗的目标并为之而努力。另外，在作业评价上，采取学生自评、小组互评、教师评定等多元评价结合的方式，针对不同情况给予星级评价，让每个学生过一把"老师瘾"，以激发各个层次学生的学习积极性和完成作业的热情。

五、尝试分层作业

传统的教学中，学生所做的作业都是老师统一布置的，这样的形式显然是不科学的，更谈不上发展学生的个性。没了新鲜感，学生作业只为完成任务。为此，我针对不同层次学生的实际情况，设计不同的作业内容或对同一作业有不同的要求，分层练习，异步指导，让每个学生都能品尝到成功的喜悦。作业形式主要有：（1）基本题：一般是大小练习册上的基础题。（2）自选题：一般是略有难度的提高题和发展题，也可能是操作实践题，学生可以选择自己感兴趣的题目去练习，带有自主性和开放性，一般是大小练习册上的＊号题或者是小学生数学报上的综合题。（3）个性题：指针对学生在学习中出现的特点所布置的不同作业，可以根据学生的优势来设置，也可以根据学生的不足来设置，如要求计算能力弱的学生每天做正确几道计算题，让应用题分析能力差的学生分析几道应用题的数量关系并说清算理，让爱思考的学生尝试完成寻找数学规律的习题等等，充分体现作业的层次性。

在批改作业方面，我力求做到：凡是布置的作业必须批改，凡是共性的错误必须讲解，凡是错题必须订正，凡是订正的错题必须有变式题型跟进。

在练习分析时我还有一个小技巧：让学生在小组里"讲错题"，针对错误分析原因，说出正确的解题思路，而不是单纯继续做很多同类型的题目。我把这招叫作"多说少做"，对于学生理解题意，效果不错，学生也很喜欢这种形式。

经过三年的实验，成果显著，我班在三年级的无锡市调研考试中年级最差，而在六年级的惠山区毕业会考中一跃成为年级第一。总之，要切实提高数学作业的质量，并不是一件一蹴而就之事，需要花时间、精力不断培养学生良好的习惯、认真的态度、扎实的基础和简捷的技能。我的目标是：让作业成为发展学生个性，使每个学生在原有基础上得到最有效、最合理发展的阶梯。

有效练习的有效尝试

浙江省杭州市余杭区临平一小　方云凯

　　练习是学生掌握知识、巩固知识、形成技能、发展思维、提高解决问题能力的主要途径，它是小学数学教学的重要组成部分。练习需要一定量的积累，但如果盲目加大练习量，试图通过大量的操练，记住知识、熟练技能，必定是低效的。因此，练习材料精选是实现练习"有效性"策略的前提。教师有必要设计和用好每一道题，使学生做一题有一题的收获。

　　学生离不开解题，但重要的是"涵养"和"积累"。积累的实现靠的是涵养功夫，靠的是自觉意识，而不是所做题目的多少。因此，教师在设计作业时必须以提高学生的综合素质为目的，不能用一些偏、怪题型难为学生，要善于把作业的题型推陈出新，从而不断地促进学生的积累，提升他们的涵养。

　　笔者在教学中为了使练习更加有效，进行了有效性尝试。

一、内涵要丰富，能赋予数学思考

　　选择和编制的题目，其主要目的是要培养学生能够从数学的角度去思考问题，运用数学的知识与方法去解决问题。而在这一过程中，让学生理解和掌握初步的数学思想方法显得十分重要，这也是教师在编制习题过程中需要思考的一个问题。过分强调知识与技能目标，忽视学生的数学思考反映了对教学目标的狭隘理解；而忽视学生的认知基础和数学思维发展水平，刻意拔高数学思考的目标要求，则往往是舍本求末、欲速不达。

　　【习题1】写一个大于 $\frac{1}{7}$ 而小于 $\frac{1}{6}$ 的分数。

由于学生已经学习了分数的基本性质、通分、分数与小数的互化等知识，所以学生会很自觉地运用通分扩大法、直接扩大法、化小数法等方法来寻找这样的分数。

【习题2】用12个边长是1厘米的小正方形，拼成一个长方形，长方形的周长和面积可能是多少？

	长	宽	周　长	面　积
拼法 1				
拼法 2				
拼法 3				
拼法 4				

填完上表，我发现 _____。

学生需要将所有的可能性先列举出来，然后根据数据进行计算，并且通过观察进一步发现面积相等，拼成的图形越接近正形，它的周长越短。

在学习了长方体的体积之后，设计了这样的练习：

【习题3】观察下图，求出里面小立方体的体积。（单位：厘米）

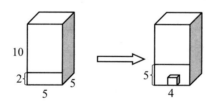

这一道题，计算里面小立方体体积的数据一个也没有提供，不能直接计算。而解答此题的关键是转化。学生解决此题的方法有两种，一种是用现在的总体积减去原来的总体积；另一种是根据上升的水面的体积就是小立方体的体积进行计算。将不能直接解决的问题转化为可以解决的问题，是重要的学习能力，设计时关注学生学习方式的转变，转化的思想得到了较好的培养。

二、情景要尽量真实，贴近生活实际

如果将与学生多次练习的形式、情境相同的内容作为试题，学生即使不具备解决此问题的能力，经过反复操练，考试时依然能取得较好成绩，显然，这并不是学生的真实学力。要评价学生的真实能力水平，就需要提供新颖的问题情境，这样，学生面对新的问题，不是简单地建立一个反应，而必须提取已有的知识经验来解决问题。只有这样，与此题相关的知识基础学生掌握得是否扎实，学生是否真正理解此知识才有可能被真实地反映，否则，很有可能是反复操练、强化记忆的结果。因此在作业设计时应该创设富有现实意义的问题情境。

【习题1】旅游中的数学。

为了吸引更多的人到西湖旅游，各旅行社都亮出了自己的打折牌。

中青旅行社：西湖一日游2人需要220元。

国泰旅行社：西湖一日游3人需要318元。

大自然旅行社：西湖一日游4人需要428元。

如果你要参加西湖一日游，哪家旅行社的价格最便宜？

【习题2】全校学生向"知心姐姐"信箱投稿，三月份各年级投稿数量如下：

年 级	班 级	年级稿件数量	平均每班大约投稿多少件？
1	9	358	
2	7	355	
3	8	412	
4	7	556	
5	6	537	
6	8	494	

【习题3】观察下表，把火车运行的时间填在表中。

车　次	始发站	出发时刻	终点站	达到时刻	运行时间
T13	北　京	20:00	上　海	第二天 10:00	
T12	沈阳北	9:10	北　京	当天 18:25	
T29	北京西	18:19	广　州	第二天 18:22	
T42	西　安	17:45	北京西	第二天 7:22	

【习题4】招聘启事。

启事一

本公司因业务需要招聘工作人员一名，每天工作八小时，周六周日休息，每周报酬600元。

启事二

本公司因业务需要，招聘工作人员一名，每天工作八小时，周日休息，每周报酬680元。

假如你参加招聘会，你会选择哪家单位呢？为什么？

三、目标明确，让不同的学生有不同的发展

对于不同层次的学生，评价的内容与方法应该有层次上的不同，以让那些优秀学生有更高水平的发挥，让那些暂时感到有些困难的学生也有所收获与成功，只有这样，才能充分体现课程改革"让不同的学生在数学上有不同的发展"的理念。设置选做题，给高水平发挥的学生以加分奖励的方式，可以突出评分标准的人文关怀与人文精神，体现了对学生数学学习水平差异的尊重。

【习题1】某服装厂对甲乙丙三个车间本月生产的服装进行质量检查，取得的数据如下表所示，请你用所学过的知识，对三个车间的工作作出合理的评价。

车　间	生产量	有质量问题的数量
甲	2500	12
乙	3000	15
丙	2700	13

由于学生经验和思考角度不同，所得出的结论和理由必定是多样化、多层次的，教师在编制这类题的时候，应该考虑尊重学生的这些合理的差异，无形中能激发学生的思维激情和创新的欲望，能够使学生得出一些有创见的结论。

【习题2】下面两小题选作一题，★ 的做对得100分，★ ★ 的做对得200分。

★（1）图1是由若干块小立方体积木搭成的立体模型，在此基础上把它堆成一个大立方体，还需要_____块小立方体积木。

★★（2）图2是由6个棱长为1厘米的小正方体拼成的立体模型，它的表面积是_____。

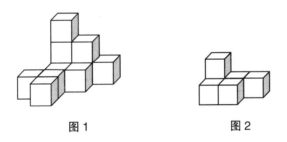

图1　　　　　　　图2

学生在解决几何图形问题时，明显地表现出缺乏方法与策略，这显然与我们一直以来在几何形体的教学中只注重计算，不重视空间观念培养、方法研究的做法分不开。两小题都旨在考查学生的空间观念，但在难度上第二题明显高于第一题。这样的练习设置，不追求学生发展的整齐划一，而追求个体发展的最大化。

【习题3】在体育课上同学们练习立定跳远的最好成绩如下表所示，请把表填完整。

立定跳远成绩（米）	1.2～1.4	1.4～1.6	1.6～1.8
人数（人）	4	18	
占全班的百分比		40%	52%

这是考查学生对分数应用题掌握情况的题，对于分数应用题，教师训练学生的"法宝"是"划出关键句，找到单位1，单位1已知用乘法，求单位1的量用除法"。而此题改变了以往分数应用题的形貌与情境，需要学生从这一情境中抽象出数学问题，而且学生必须基于对分数应用题的真正理解方能解答。

四、难度适宜，适合大多数学生

学生对于基本知识、基本技能的理解与掌握情况如何，应该是设计练习时考虑的重点。设计时应该重视展现知识的形成过程，使学生通过练习，进一步理解数学基础知识，真正"知其然也知其所以然"。练习的难度要适宜，要关注大多数学生。对于一些低层次的学生来说，让他们也积极地参与，只不过方法层次低一些；对于一些能力水平较好的学生来说，练习中能有高水平发挥，或思维简洁，或方法策略独特，或能对原有材料作新的拓展。

【习题1】年月日练习设计。

① （　　　）月是大月，（　　　）月是小月。

2006年第一季度共有（　　　）天。

② 2000年是（　　）年，2月有（　　）天，全年有（　　）天。

2003年是（　　）年，2月有（　　）天，全年有（　　）天。

③ 王叔叔已经24岁了，可是他只过了6个生日，你知道是怎么回事情吗？

④ 中华人民共和国是1949年10月1日成立的，到今年10月1日是国庆（　　）周年，国庆100周年是（　　　）年。

小明今年5月满18周岁，他是（　　）出生的。

⑤ 6月10日是小刚的生日，再过100天是小明的生日，小明的生

日是（　）月（　）日。

⑥某年的4月有5个星期日，你知道这一年的4月1日是星期(　　)。

【习题2】帮小明完成日记。

今天早上7（　），我从2（　）长的床上起来，用了5（　）很快刷完了牙，洗好了脸，吃了大约200（　）的早饭。我背起2（　）重的书包，飞快地向400（　）以外的学校跑去。路上碰见了体重55（　）的小胖子方方，和他一起去学校。放学后，我一回到家，马上拿出1（　）长的钢笔和1（　）厚的练习本做起了作业。晚上6（　）动画片开始了，看了大约半（　）。吃完晚饭后，复习了一会功课，就上床睡觉了。

【习题3】在图中用阴影分别表示出 $\frac{2}{5}$ 吨：

1吨　　　　　　　　　　2吨

为学生提供了一个巧妙运用基础知识解决问题的机会——在深刻理解 $\frac{2}{5}$ "吨"的实质意义基础之上，用操作的方法将这一意义表达出来，改变了原有的单一的如 $\frac{2}{5}$ 吨表示（　　）这样的传统的练习设计形式。

【习题4】小南调查了自己班级里40位同学最喜欢的动画片，结果如下：

A A B C B D B B
A B B A B C B D
A B C B B A A D
B C C C A A A C
C D D B C B C A

其中 A 代表《灌篮高手》，B 代表《名侦探柯南》，C 代表《机器猫》，D 代表《西游记》。

（1）请你运用已经掌握的统计知识，把小南的调查结果用统计图（表）表示，使人一目了然。

（2）根据统计结果，你获得了什么信息？请你运用学过的数学知识进行分析，写出其中的两个结论。

针对统计知识进行练习，试图改变以往让学生进行单一数据计算的要求，而重在让学生经历整理信息、分析信息的过程。这样有利于进行正确的导向：只关注结果的教学是不利于培养学生能力的。

数学作业设计的多元化、生活化

江苏省如皋市丁堰小学　包逢祺

数学课程标准强调："人人都能获得必需的数学；不同的人在数学上得到不同的发展。"作业是教学过程和课后巩固中不可缺少的一部分，它既能巩固学生已学的新知识，又能发展学生的能力，还能积累学生解决问题的经验。

一、作业目标的多样化

新课标明确指出：学生应该学会从数学的角度提出问题、分析问题，并能够综合运用所学的知识和技能解决实际问题，发展他们的实践能力和创新精神。因此，作业的设计不仅要以掌握知识、形成技能为目标，还要将各种能力和创造精神的目标纳入其中。

如在教学"比例"有关知识的时候，教师可以提供一定的资料，让学生自己成立设计公司，为客户设计一间厨房，并自由组合学习小组。要求：（1）用合适的比例将效果图画在设计纸之上，并附上设计所需的数据和计算过程。（2）设计要合理、精确、耐用。通过这样的设计，学生所学的知识就得到了应用，学生也有了体验，更重要的是促进了他们社会实践能力的提高。

老师布置灵活多样的作业，不但可以激发学生的兴趣，调动他们学习的积极性，而且有利于学生能力的培养和提高。

如在教学"乘法的初步认识"时，我设计了多种形式的作业：

1. 写出乘法算式：5+5+5=5× $\square$　　　8+8+8+8+8= $\square$ × $\square$

2. 说出下列乘法算式表示什么意思?

$$5×8 \quad 3×5$$

3. 帮式子找朋友:

6×2	7×5
5+5+5+5+5+5	6+6
7+7+7+7+7	3+3+3+3
3×4	5×6

做这种形式多样的作业,不但可以提高学生学习数学的积极性,而且还可以提高他们解题的灵活性,不至于使他们在题目变化时不知所措。

二、作业内容的生活化

数学来源于生活,又服务于生活。因此,教师必须将课本上抽象的数学知识融入到丰富的生活中去。数学作业的设计应先从学生的身心健康和发展特点出发,切实适合学生的生活经验和已有知识,再设计出富有生命力的数学活动,这样才能使学生有更多的机会从周围熟悉的事物中学习和理解数学,体验到数学就在身边,也感受到数学的作用,从而对数学产生亲密感。

新课标指出:"学生的数学学习内容应当是现实的、有意义的、富有挑战性的。"学生学习数学的目的就是去解决日常生活、学习和工作中的数学问题。如果数学教学脱离实际生活,那么数学学习就成了"巧妇难为无米之炊",更谈不上有意义地学习数学知识。所以,我们要倡导作业的生活性,让学生感受数学与生活的密切联系。

如教学"打折"这一课后,可设计这样一道作业:

六(3)班48人去参观上海动物园,门票每人25元,50人开始可以享受八折优惠,你以为怎样买票花钱最少?最少是多少元?

由于学生的智力水平,生活经验不同,所以学生可能设计出不同的解决方案。第一种:25×48=1200(元)。第二种:因为50人开始可以享受八折优惠,所以就买50张,需要花25×50×80%=1000(元)。第三种:买50张花去 1000 元，然后把剩下的 2 张卖给其他游客，可以得到 50 元，相当于买 48 张门票只花了 950 元。

又如教学"乘法的初步认识"这一课时，我没有按照书上的例子来进行教学，而是从学生的实际生活入手，设计了这样一道作业：

> 老师现在有 84 本练习本，要平均分给全班的 42 名同学，该怎样分呢？

这样的设计把原本乏味的知识演绎得淋漓尽致，这种充满现实意义的实践作业题，学生们怎能不积极参与其中呢？在操作的过程中，学生既掌握了平均分的方法，又解决了教学中的一个难点，真是一举两得。在这节课中，学生得到的不仅仅是知识，还有探索知识的欲望，发现新知识的喜悦。

再如，在学习"统计图"这一课后，我让学生自己组成学习调查小组，开展"十字路口"通过车辆情况分析社会调查活动。在学生调查的过程中，我让不同水平、不同个性的学生自主选择调查的内容，或者是数车辆的数量，或者是记录，或者是制图，让各个学生都有机会在作业活动中展示自己，发展个性，真正落实"让学生学有价值的数学，不同人在数学上得到不同的发展"这一理念。

三、作业内容的趣味性

有一位教育家曾经说过："兴趣是学生最好的教师。"学生对作业是否感兴趣，在很大程度上取决于作业形式与内容有无趣味性。因此，在设计作业时，教师应尽量采用趣味性的素材，使数学作业成为学生喜闻乐见的学习资料。趣味性的作业，有助于学生的求知兴趣持续发展，使学生研究、探讨数学的潜力在课后得以充分发掘，特别是对于小学生而言，趣味性的作业更是让他们学习数学的过程成为了一个生动活泼的、主动的学习过程。

如学完"分一分"这一课后，我让学生回到家，把自己的玩具拿出来，用课堂上学到的方法，给它们分一分，看一看有几种分法，并说一说自己是用什么标准进行分类的。我想，这种作业方式一定是低年级的小朋友最开心的作业。

这样的作业设计，将分玩具纳入数学知识的检测中，有效地增强了数学的趣味性，也激发了学生学习数学的积极性。

教师要运用新理念有条不紊地设计好数学作业，让学生在做数学作业的过程中，体验成功的喜悦，享受成长的乐趣，点燃生命的火花。

农村小学数学有效课堂作业的设计

山东省肥城市潮泉镇中心小学　王庆华

实施新课程改革以来，农村小学数学课堂发生了巨大的变化，教学方式和学习方法也有了较大转变。但是，学生的数学能力和素质仍然不容乐观，数学教学质量有待于进一步提升。主要原因在于：第一，农村小学生的家长，文化水平普遍较低，并且家长之间的知识差距较大，参差不齐，家庭教育水平不高。第二，随着我国城镇化建设的快速发展，农村在外务工人员越来越多，留守儿童不断增加，他们主要由祖父母或外祖父母照管，存在家庭教育的盲区。第三，义务教育阶段课程设置标准规定小学数学教学课时为一至四年级每周4节课，五、六年级每周5节课，老师们普遍感觉教学时间少，尤其是没有专门的练习课，学生练习的时间不足，练习不充分。第四，校本研究中，大多重视课堂教学的整体研究，忽略了对课堂作业设计的探讨。因而，在这样的现状下，探讨小学数学课堂教学中，如何以新课程标准为依据，设计形式新颖、富有趣味、开放高效的课堂作业，显得尤为重要。

一、有效课堂作业设计应遵循的原则

1.趣味性原则，激发学生练习的兴趣

新课程标准指出，要从学生熟悉的生活情境和童话世界出发，选择学生身边的、感兴趣的事物，以激发学生学习的兴趣与动机。课堂作业设计要"新颖""灵活""有趣"。让生动富有情趣的作业，取代机械重复的练习活动，以激发学生的练习兴趣，让当堂学习的知识，在训练中理解、掌握，在练习中形成技能。如运用猜谜语、讲故事、做游戏、模拟表演等游戏性、趣味性

较强的练习，激发学生练习的积极性，培养学生练习的兴趣，使学生在轻松、愉快的氛围中完成练习，在生动具体的情境中理解和掌握数学知识，并获得成功的体验。

2. 生活性原则，加强数学与生活的联系

"数学来源于生活"，设计课堂作业时，要尽可能地结合农村学生的生活实际，寻找数学知识的生活原型，让学生在练习中进一步感受生活与数学的关系——数学无处不在，生活中处处有数学，学习、生活和工作都离不开数学，从而认识数学的重要性，激发学生学好数学的积极性。

例如，在教学"分米和毫米"后，可设计"小马虎日记"这一练习：

> 今天早晨，我从 2 分米长的床上爬起来，来到卫生间，拿起 15 米长的牙刷刷完牙，急急忙忙地洗脸、吃早饭。学校离我家约有 900 厘米。上学路上，我看见有一棵高 2 厘米的树被风刮断了，连忙找来一根长 3 厘米的绳子把小树绑好。我跑步赶到学校，看到老师已经在教室里讲课了，我赶紧从书包里拿出 1 毫米长的铅笔和 4 米厚的笔记本，认真地做起笔记。老师在小马虎的日记上写下"可能吗"三个字，你知道这是为什么吗？请改正。

这样原本干巴巴的"在括号中填上合适的单位名称"，摇身一变，成为富有情趣的"小马虎日记"。包装后的作业贴近生活实际，形式活泼、趣味十足，极大地调动了学生作业的积极性，学生觉得兴趣盎然。

3. 层次性原则，让不同的学生得到不同的训练

一个班的学生，他们的基础、能力、性格、习惯等存在较大的差异，往往参差不齐。所以，设计作业时，就要考虑每个层面的学生。针对学生差异，将作业设计成难易有别的不同类型，为学生提供充满趣味的、形式多样的"自选超市"式作业，让学生根据自己的实际情况选择适合自己的题目。基础差的学生可以选择做一些关于知识的理解和运用的题目，学有余力的可以做难度较大的练习。

例如，在学习"小数乘法简便计算"后，可以设计三个层次的星级作业：

一星级：（1）4.7×36 + 4.7×64　　　（2）（1.25 + 2.5）×4

二星级：（1）7.8×99 + 7.8　　　　　（2）3.6×10.1

三星级：（1）9.4×2.8 + 9.4×8.2-9.4　（2）7.9×5.6 + 0.79×44

题目给出后，可以让学生选做，结果发现后进生选做了一星级题，中等生选做了一星级和二星级中的部分题，优等生选做了二星级和三星级题，还有的优等生全做。这样能使每个学生通过练习，在原有的基础上各有收获，都能享受到成功的喜悦，体现了新课标"不同的人在数学上得到不同的发展"的教学理念。

4. 开放性原则，培养学生的创新意识和能力

如果我们能有意识地设计一些学生感兴趣，与学生的学习、生活密切相关的作业给学生，要求他们多角度、多因果、多方位、多渠道地探索解决问题的方法，那么无疑可以调动学生追求成功的潜在动机，培养学生的创新能力。

例如，在教学"轴对称图形"之后，设计让学生用笔、纸、小剪刀等工具，依据轴对称图形的特点设计一个轴对称图形，结果大出我所料，有的学生尝试了剪纸，有的学生做了泥塑，有的学生画出了轴对称图形……作业五花八门，但都有一个共同点，他们都是轴对称图形。看着学生这些"杰出"的作品，我备感高兴，开放式作业的设计，让学生展开想象和创新的翅膀，把数学知识的应用价值揭示出来，既激发了学生学习数学的积极动机，又培养了学生的创新意识和实践能力，知识运用也更灵活，更有创意。

5. 实践性原则，培养学生的操作实践能力

通过操作实践活动，可以让学生在动手操作中思考数学问题、解决数学问题，切实培养学生的动手实践能力和解决实际问题的能力，一些难以解决的抽象问题在操作中得到解决。

例如，在学习正方形面积的计算时，为了区分面积与周长的计算方法，帮助学生弄清楚它们之间的区别，可以设计以下作业：

1. 用报纸、铁丝等物品分别做一个边长 6 分米的正方形。

2. 动手剪一剪、折一折，算一算正方形的周长和面积。

二、有效课堂作业的形式

课堂作业有助于学生巩固和加深对所学知识的理解，有助于学生形成相应的技巧、技能，有助于培养学生独立思考、运用知识解决问题的能力。因此，课堂作业，既不能完全照搬课本和练习册上的习题，机械重复，又要基于课堂教学目标精心设计。课堂作业既要内容新颖富有情趣，又要形式多样，方能有效提高课堂练习的效率和质量。在课堂教学中，可以主要采用以下几种形式：

1. 铺垫性练习

为了拉近新旧知识之间的距离，促进知识的迁移，在学习新知识前，根据学生已有知识基础以及学生的认知特点，设计铺垫性练习，良好的铺垫性练习，能够让学生顺利高效地学习新知识。例如，在教学"3 的倍数的特征"时，先出示下列练习：

1. 2 的倍数有什么特征？5 的倍数有什么特征？

2. 从下面各数里找出 2 或 5 的倍数：18　35　265　32　600　287　650　235　122　200。

学生完成后，教师问"3 的倍数是不是也有类似的特征？"，从而为学生构建认知结构作好准备。

2. 基本性练习

基本练习，就是针对当堂学习的知识点设计的练习，主要是为了让学生及时理解和掌握课堂学习的新知识，形成新技能，及时构建和完善学生的认知结构。在学习新知识时，应根据知识的体系结构和学生的认知规律，设计练习作业。

比如在学习分数应用题"在学校举行的泥塑作品大赛中，一班制作泥塑作品 15 件，其中男生做了总数的 $\frac{3}{5}$，一班男生做了多少件？"后，设计以下练习：

　　1. 下面各题中应该把哪个量看作单位"1"？

　　（1）棉田的面积占全村耕地面积的 $\frac{2}{5}$。（2）小军的体重是爸爸体重的 $\frac{1}{6}$。

　　（3）故事书的本数占图书总数的 $\frac{2}{7}$。（4）汽车的速度相当于飞机速度的 $\frac{1}{5}$。

　　2. 找出题中的等量关系。

　　白兔的只数占总只数的 $\frac{1}{3}$。　（　　）$\times \frac{1}{3}=$（　　）

　　甲数正好是乙数的 $\frac{4}{5}$。　（　　）$\times \frac{4}{5}=$（　　）

　　男生人数的 $\frac{5}{6}$ 恰好和女生同样多。（　　）$\times \frac{5}{6}=$（　　）

3. 对比性练习

易混知识可以采取对比练习的形式。对于易混的概念，就要在对比练习的过程中，让学生发现知识间的异同之处，这有助于学生准确地理解和掌握知识。如：在初步教学混合运算的基础上，为了让学生理解运算顺序的重要性，可以让学生通过以下对比练习学习掌握：

　　算一算，比一比：

216+15-22	47×8÷2	360÷3×5
216-15+22	47+8÷2	360-3×5
216-（15+22）	（47+8）÷2	（360-3）×5

4. 针对性练习

针对教材中的重点、难点，设计针对性较强的练习题，在练习中加深学生对重点知识的理解和掌握，有助于抓住重点，突破难点。同时，培养学生分析解决问题的能力，提高学生的数学素质。例如：学习小数乘法时，可以针对其重难点设计以下题目：

1. 说出下列各算式里有几位小数？

4×0.3（　　）　　　　　6.5×0.03（　　）　　　　43.3×4.1（　　）

2. 在下面算式的积里点上小数点。

12.6×2.3=2898　　　1.26×2.3=2898　　　1.26×0.23=2898

3. 已知1.21×26=31.46，则0.121×2.6=（　　）　12.1×2.6=（　　）。

5. 变式性练习

适当、适量的变式性练习，有利于学生对知识进行迁移，有利于完善学生的认知结构，能及时帮助学生巩固新知，形成技能，促进学生对知识本质的理解和掌握，同时能防止思维定势，防止解题方法模式化，对培养学生思维的深刻性、灵活性、批判性、创造性具有十分重要的作用。如为纠正学生在解答应用题中"见多就加""见少就减"的倾向，可以设计这样的练习：

小忠有10张贺卡，比小强多4张，小强有多少张？小忠有10张贺卡，比小强少4张，小强有多少张贺卡？

通过这样的练习，使学生懂得审题的重要性，改变学生盲目机械模仿的不良习惯。

6. 选择性练习

让学生自己选择作业的题目，既要考虑全体，又要注意个别差异，做到因材施教。学生的能力是有差异的，作业题的难易程度、要求要有所不同。要根据学生的学习状况，设计不同层次、多梯度的选择性作业，让学生根据自己的能力和兴趣自主选择，让学生像在超市买东西一样，在"作业超市"里自主选择作业题。基础差的学生可以选做一些巩固知识的基本练习，学有余力的可以做难度较大的练习。这样使每个学生通过练习，在原有的基础上各有收获，都能享受到成功的喜悦。

7.开放性练习

开放性练习，有利于培养学生思维的积极性、灵活性、创造性，可以提高学生综合运用数学知识的能力，使学生综合素质得到提高，同时也可以培养学生的发散性思维与创造性思维。开放性练习是指教师设计出综合性、探究性强的问题，让学生在"多种解法"或"多种答案"中灵活运用所学知识，留给学生创新、发现的余地，增强学生的创新意识与能力。可以设计一题多法、一题多解的题目。如画一个面积为24平方厘米的三角形，让每个学生都进行没有固定答案的探讨，只要底乘高除以2等于24平方厘米就可以（也就是底乘高等于48平方厘米即可），可有很多解，满足了各个层次学生的需要。又如在下式中的（　　）内填上适当的分数：$\frac{7}{10}$ =（　　）+（　　）=（　　）-（　　）=（　　）×（　　）=（　　）÷（　　）。

8.操作性练习

数学课程标准指出：有效的数学学习活动不能单纯地依赖模仿与记忆，动手实践、自主探索与合作交流是学生学习数学的重要方式。操作性练习，可以采用两种类型：一种是通过动手操作，主动获取知识，帮助学生掌握一定的知识原理等。如测量一下教室里黑板的长度、自己的身高和同学们的身高，并把它制成统计表或统计图等。二是通过实践活动，了解到生活中有很多的数学规律，培养学生用数学知识去研究分析生活现象和自然规律的兴趣与习惯。如学习重量计量单位后，可让学生实际称称一千克苹果大约有几个，再掂一掂食盐，还可以在课前让学生到市场里先估一估某些物体的重量，然后亲自动手称一称或看卖主称一称，验证一下，课上进行汇报交流。这类练习极大地调动了学生学习数学的积极性、参与性，充实了生活，给学生带来了无穷乐趣！

课堂练习是课堂教学的重要组成部分，是学生学习过程中不可缺少的重要环节。因此，要精心设计课堂练习作业，结合农村小学生的生活实际和特点，以及学生对知识学习和理解的情况，有选择性地灵活运用以上几种练习形式，注重练习形式的多样性，力求练习内容具有趣味性、生活性、层次性、针对性和开放性，让学生的课堂练习练到点子上，练在易混易错处，抓住重点，突破难点，有效提高课堂练习效率和练习质量。通过高效的课堂练习，加深学生对知识的理解和掌握，形成技能，活跃思维，从而切实提高数学课堂教学效率，培养学生的数学能力和素质，进一步提高农村小学数学教学质量。

口头练习的有效设计

浙江省台州市天台县外国语学校　王佳宏

　　小学数学新课程标准在总体目标中明确要求："学会与他人合作，并能与他人交流思维的过程和结果，能有条理地、清晰地阐述自己的观点。做到言之有理，在与他人交流的过程中，能运用数学语言合乎逻辑地进行讨论与质疑。"的确，言为心声，数学语言作为数学思维的载体，能准确、清晰地阐述思维的过程与结果。教师在课堂教学中要重视学生的语言表达能力，精心设计口头练习，促进学生数学知识的获得。

　　口头练习是让学生通过言语进行表述，口述内容、口述思路、口述方法从而达到教学目标，进而实现"以说反思、以说学思、以说促思"的目的。口头练习是课堂教学中的常用形式，其好处显而易见：可以直接用来检查学生对知识的理解与掌握情况，纠正其对知识的错误理解；与笔头练习相比，可节约时间，增加练习密度；也可以锻炼学生的流畅口头表达能力，发展学生的周密思维能力；还可以活跃课堂的气氛，分散数学学习的枯燥，培养师生之间的情感。

一、字字斟酌，句句推敲——读题目意思

　　数学解题过程中，读懂题目，挖掘题目中所隐含的数学信息、数学问题是解题的基础。教师在课堂上应有意识地设计口头练习，训练学生读题审题的能力。练习中，要求学生仔细读题目，做到字字斟酌，句句推敲，对题中的关键字、敏感词能达到咬文嚼字的地步。继而让学生说清题目所给的条件，辨别迷惑性条件，明确解决的问题，建立条件与题目之间的联系。数学往往会因为多一个字，少一个字，而导致题意不同。教师也可设计对比性练

习（如题组），让学生口头回答题目的差异，让学生揣摩出题人的意图，真正地把握知识脉络。在师生的交流过程中，要充分体现学生主体性，不仅让学生进行口头语言组织的训练，还应注重加强学生的读题能力，为解题打下了良好的基础。如下题：

列式计算：1.2 与 4.8 的和除 3 是多少？

此题是易错题，学生一不小心就会列成（1.2+4.8）÷3=2。要让学生多读题目，回答关键字是哪个，要注意什么，到底是谁除以谁。让学生多回答此类题目，学生以后做题的时候就会多留心眼，不至于落入陷阱。

1. 张大伯家养白兔 60 只，灰兔比白兔多 $\frac{1}{3}$，灰兔有几只？

2. 张大伯家养白兔 60 只，白兔比灰兔多 $\frac{1}{3}$，灰兔有几只？

两题是一组对比练习，乍一看两题几乎一样，只是白兔和灰兔调换了位置而已，但是实际上这两题完全不同。第一题是乘法运算，而第二题是除法运算。解决此类问题的关键是找准"单位 1"，弄清数量关系。向学生提问，题目已知什么，要求什么，关键句是哪句，"单位 1"是什么，"单位 1"已知是用乘法还是除法，数量关系是怎样的。让学生通过对这一系列问题的回答，掌握这类应用题的要点，避免乘除乱用的现象。

通过口头练习反复训练学生的读题审题能力，能减少学生因粗心造成的错误，准确地把握关键点、重难点，最终达到举一反三的目的。

二、化难为易，化繁为简——说重点难点

数学的概念、定律、性质、法则、公式等是小学数学的基础知识，学生只有掌握了对应的概念、法则等才能提高运算和解题能力。数学概念等基础知识都具有一定的抽象性，而小学阶段的学生主要处于具体运算阶段，需要借助具体的情境、事物来理解概念。在教学中，教师可以结合具体的练习，让学生多说多讲，将抽象的知识形象化。通过口头练习的辅助，明确关键，尝试归纳出概念，引导学生正确地理解概念的内涵。对于易混概念，让学生

进行区分，说说它们的区别与联系。

"分数的意义"的教学是在学生初步学习了分数的基础上进行的，对分数概念的认识也是由感性上升到理性的过程。三年级上册对分数的概念采用的是描述性的语言，像 $\frac{2}{4}$ 、 $\frac{3}{4}$ 、 $\frac{3}{10}$ 、 $\frac{7}{10}$ ……这样的数叫作分数。五年级下册需要学生理解单位"1"和分数单位，经历概括分数的过程，掌握抽象化的分数意义。

新课开始设计口头练习：

你能举例说明 $\frac{1}{4}$ 的含义吗？

学生借助实例说说对 $\frac{1}{4}$ 的理解，既可以复习先前的知识，也可以查漏补缺。学生可能会回答：把一块蛋糕分成 4 份，取其中的 1 份就是 $\frac{1}{4}$ 。教师就能根据学生的回答，向学生求证是随意分还是要平均分，再让学生说一遍，起到强调的作用。然后向学生说明一个蛋糕、一个西瓜、四根香蕉等都可以看作一个整体，称为单位"1"，所以分数可以看作把单位"1"平均分。

出示课本上的"做一做"：

把一堆糖，平均分成 2 份，每份是这堆糖的 $\frac{(\ )}{(\ )}$ 。

把一堆糖，平均分成 3 份，2 份是这堆糖的 $\frac{(\ )}{(\ )}$ 。

把一堆糖，平均分成 4 份，3 份是这堆糖的 $\frac{(\ )}{(\ )}$ 。

把一堆糖，平均分成 6 份，5 份是这堆糖的 $\frac{(\ )}{(\ )}$ 。

学生通过回答这一组问题，认识到分数可以平均分成任意份，分数并不单单表示其中的 1 份，可以是 2 份、3 份、5 份，在头脑中初步建立分数的表象。让学生就以上习题，尝试概括分数的意义，理解其意，自主探索概括出抽象化的分数，尽可能地多叫学生回答。引导学生分析出概念中的关键词，分散难点，加强记忆。

三、知无不言，言无不尽——侃体会反思

数学课堂结束前，教师向学生发问"今天，你有什么收获？"已是屡见不鲜。教师通过此类口头练习，让学生对课堂中的知识进行总结，达到回顾与复习的目的。小学数学反思类的口头练习不单单局限于课堂结束前，教师可引发学生就数学符号的形成过程、数学公式的推导、解题的方法与技巧、阶段教学后知识的掌握等进行口头反馈。在数学教学过程中，也应特别重视对错题的反思，使学生说一说错在哪，出错的原因，"吃一堑，长一智"，避免再发生类似的错误。学生有感而发，不拘约束，最终打造"知无不言，言无不尽"的数学课堂。学生在数学交流与反思过程中，不断迸发出思维的火花，用长远的眼光看待数学，构造出系统性的数学知识结构，同时也体现了数学的人文性。

因此，教师要重视口头练习的设计，紧扣教学内容，围绕教学重难点，让学生通过说题目题意，说概念含义，说解题方法、解题思路，说反思来巩固知识、发展思维，给学生多提供"说"的机会，让学生逐渐养成"想说""敢说""会说""爱说"的习惯。

有效小学数学作业设计之我见

浙江省天台县平桥镇小学　庞红星

新理念下，小学数学教师必须积极设计形式多样、具有童心童趣、符合小学生年龄特征和生活实际的数学作业形式，培养学生的主体意识，激发学生的学习热情和创新意识，让学生"愿做""爱做""乐做"，成为作业的主人，学习的主人，从而达到逐步改善学生学习方式的目标。如何设计多样化的作业形式呢？我依据自己的教学实践和学习体会，谈以下几点看法。

一、联系实际生活，设计应用性的作业

"生活化"是新课程背景下小学数学练习题的一个重要特点。而我们的数学本身就来源于生活，很多的数学问题就是人们在生活中发现的。如若我们能把生活实践当作学生认识发展的活水，把数学习题与生活实践紧密联系起来，那么学生就会在这些实际的、鲜活的数学事例中，感受到学习数学是有用的、快乐的。因此，联系生活实际进行作业设计，可展现数学的应用价值，让学生体会生活中处处有数学，数学就在自己身旁，从自己身边的情景中可以看到数学问题，运用数学可以解决实际问题，同时也使他们对学习数学更感兴趣。

如在学完"三角形的稳定性"这一知识后，我发现教室内有些课桌椅会摇晃，便向各数学小组布置任务："请同学们根据'三角形的稳定性'原理维修班级中破损的课桌椅！"学生们非常自然地将学到的知识用到了生活中。

又如在学生学习了"圆的认识"以后，我设计了这样一道练习题：妈妈要把一盘饼干放在围坐了小朋友的圆桌上，她要平等地对待这些小朋友，这盘饼干应放在圆桌的什么地方？为什么？让学生运用所学的有关"圆"的

知识解释生活现象，引导学生用数学的眼光去观察、分析日常生活中的事与物，增强他们应用数学的意识，学会"数学地思考"。

二、动手操作探索，设计实践性的作业

活动是儿童的天性。新课标指出："数学教学中，应当有意识、有计划地设计一些实践性的教学活动，引导学生体会数学与生活之间的联系，感受数学的整体性，不断丰富解决问题的策略，提高解决问题的能力。"我们所学的数学知识，大多能够联系生活，给学生提供实践活动的机会，使他们真正理解和掌握数学知识。因此，倡导数学作业设计的实践性，可以让学生在体验中学习知识，在实践中运用、盘活知识，通过实践再学习、再探索、再提高，学以致用，并在应用中加深理解。

例如，在教学"长方体的表面积"后，设计了这样一道题：学校计划在星期六粉刷教室的四周墙壁和天花板，现知道每平方米大约需要石灰200克，请同学们计算一下，粉刷我们的教室大约需要买多少千克石灰？我拿出卷尺，让学生亲自测量、计算。

再如学习"千克和克的认识"后，我让学生调查一瓶牛奶、一袋洗衣粉、一个鸡蛋、一袋大米、一块肥皂等物品的重量；学了"认识钟表"后让学生在双休日记录整点时的活动……这样的练习设计，引导学生从小课堂走向大社会，给学生以更广阔的学习数学的空间，学生学到的不仅仅是数学知识本身，更重要的是观察、分析、合作、交流、创新、实践等综合素质得到了培养和训练。

三、加强学科联系，设计综合性的作业

数学是一门学科，更是一种文化。数学作业设计要走出数学学科，让学生去领略其他学科的精彩。设计时综合学生所学科目，以学科知识为基础，以情景主题为背景，适时穿插其他学科知识，丰富发展数学的内涵，让学生学习数学学科以外的知识，从而领略数学的精彩。

如学习"百分数应用题"时，我设计了这样两道练习。（1）请用百分数

表示下列成语：九死一生（　　　）；百发百中（　　　）；平分秋色（　　　）；十拿九稳（　　　）。（2）古诗"莺啼岸柳弄春晴，柳弄春晴夜月明。明月夜晴春弄柳，晴春弄柳岸啼莺"中"春"的字数占全诗总字数的（　　　）%。这两题都融合了语文知识，让学生在解决数学问题的同时，也学到了数学上学不到成语和古诗的知识，学生的兴趣更为浓厚。

四、训练发散思维，设计开放性的作业

有效的数学学习过程不能单纯地依赖模仿和记忆。设计作业时，更要有意识地设计一些能开拓学生思路的，有利于学生自主探索不同解决问题策略的开放题，或者设计一些条件多余的，答案不唯一的开放题，给每个学生提供更多更好的参与机会和成功机会，给学生的思维创设一个更广阔的空间，对学生的思维进行"求新""求全""求活"的调控，让学生发散思维，敢于标新立异，提出各种问题，大胆创新。

例如有42名学生游玩划船，船的种类有：大船每只可以坐10人，每只收费16元；中船每只可以坐6人，每只收费10元；小船每只可以坐4人，每只收费6元。请问怎样租船最合适？解题时，学生可以从不同的角度探索租船的方案：可以从价格上考虑，探索哪种方案最能省钱；也可以从同学的需要考虑，大船比较稳，安全一些；大、中船的面积较大，可多放些行李；小船速度快，够刺激；……总之，真正为学生提供广阔的探索空间，有利于充分发挥学生的创造潜能。

新课程标准指导下的作业设计策略还有很多，但万变不离其宗，让我们用生活理念设计作业，打开学生心灵的窗扉，使数学百花园的空气带着丝丝清香滋润学生的心肺，让学生的情操得到陶冶，让学生的思维得到发展，全面提高学生的素质和综合能力，让学生乐学、爱学数学。

2

创新作业

作业设计的创新，是为了实现学生的主体地位，让他们主动发现和探索问题；是为了挖掘学生的潜能，帮助学生树立自信心，促进学生积极主动地发展。作业创新要踏踏实实地减轻学生过重的课业负担，成为激励学生学习的重要手段，成为学生主动参与学习的活动，成为学生发现问题、解决问题和体验成功乐趣的活动。

为了唤起学生的学习兴趣，作业设计要摆脱机械重复的、枯燥乏味的、烦琐的、死记硬背的、无思维价值的练习。作业题型要做到"活"一点、"新"一点、"趣"一点、"奇"一点，通过多种渠道，采取多种方式，把丰富知识、训练和发展创造性思维寓于趣味之中，拓宽学生的知识面，让生动有趣的作业内容取代重复呆板的机械练习，以激发学生的作业兴趣，使之产生一种内部的需求感，自觉主动地完成作业。

创新作业布置与批改"三部曲"

浙江省杭州文海教育集团　刘　松（特级教师）

新课程作业的价值观强调作业不再完全是课堂教学的附属，而是重建与提升课程意义及人生意义的重要内容。从时空来看，多样化的作业将构成学生课外、校外（家庭、社会）生活的重要生活时空。作业已成为学生成长的履历，激发着学生形成积极的情感、态度、价值观，每一次作业都成为学生成长的生长点。学生在不断生成问题、不断解决问题的探索中，在知识的不断运用中，在知识与能力的不断互动中，在情感、态度、价值观的不断碰撞中成长。鉴于以上认识，为了有效地把作业变成学生的一种自觉需求和生活方式，多年来，我在作业布置和批改上作了一些创新探索。

一、作业布置的后三部曲

长期以来，人们更多关注的是作业的布置如何体现新理念，如何体现趣味性、现实性、层次性、探究性、开放性、实践性、综合性等等。毫无疑问，这种追求是必要且重要的。但无论我们的作业设计多么新颖别致，多么无与伦比，我们都无法避免一个事实，那就是作业是教师主动布置的，学生始终是在被动的状态下完成任务。大部分学生都有这样一个心理：老师布置了我按时完成即可。事实上，学生们也都是这样做的，仅仅是做完了事，甚至很多优秀的学生也是仅此而已。如果长此以往，调动不起学生的主动性不说，还让学生感觉"作业是一种自觉需求和生活方式"是一句空话。为此，在学生写完作业后，我又提了三点要求。

1.创新求解——第一部曲

我时常跟学生沟通这样一种观点:作业写完了,绝不是完成作业的终结,仅仅是万里长征刚走了一半。而能否继续思考还有没有别的解法,还有没有别的可能……恰恰是一个学生是不是优等生的重要标志。为此,我经常提醒和要求学生,做完题目后一定要再想想:这题解法唯一吗?答案唯一吗?如果不唯一,别的解法和答案可能是什么?我能想出几种可能?甚至还可以比较一下各种方法的优劣。对于有多种解法或可能的题目,鼓励学生把思路写出来,批改时给予特别的加星级表扬。长期坚持这样要求,即使有的学生写不出来甚至想不起来,但久而久之,这种创新的意识会在学生的头脑中根深蒂固地生存下来,慢慢就会成为一种思维习惯,而这种思维习惯恰恰就是素质教育的精髓体现。但这种习惯的养成需要教师长期有意识地引导、提醒和强化。我曾经作过专门的调查,即使是班里数学成绩最好的、最喜欢数学的学生,也只是写完作业即万事大吉,根本不会自己主动做后续的创新工作。所以,写完作业后的创新求解意识的培养需要教师的觉醒和关注。实践证明,在我的一贯要求下,十几年来,我所带班级的整体创新精神和水平总会比较明显地好于平行的其他班级。

如在一次校级的智力快车竞赛中,主持人出了一道经典的旅游中的数学问题:

> 同学们要去动物园,动物园的票价是成人每人 10 元,儿童每人 5 元,10 人及 10 人以上团体每人 6 元。某班有 50 名同学以及 3 位老师,如果都去参观,你能算一算怎样买比较省钱吗?

此题具有一定的开放性,它要求学生应用分析的方法将各买票方案进行比较,得出合算的结果。学生们大多能想起两种基本的买票方案:

(1)将师生分为成人与学生两组,分别购票:$3 \times 10 + 5 \times 50 = 280$(元);

(2)将师生合为一个团体,以团体名义购票:$(50+3) \times 6 = 318$(元)。

学生们不难从以上两种购票方案中找到合算的结果。正当主持人准备宣布下一题时,我班经常会有创新思想的几个同学站起来打断了老师的话,说此题到此并没有结束,还有第三种更省钱的方案:

将 7 名学生与 3 位老师合为一个团体，以团体名义购票，剩余 43 名学生购买学生票：$10 \times 6 + 43 \times 5 = 275$（元）

学生说完后，全场掌声雷动。

2. 反思建模——第二部曲

曾有专家把小学数学最终要培养学生的能力归为三类：逻辑思维能力、化繁为简的能力和透过现象看本质的能力。对于逻辑思维能力的培养，老师们关注得最多，对于化繁为简的能力的培养，练习得也不少，唯独透过现象看本质的能力往往为老师们所忽视。有的老师甚至认为，这种能力只可意会，不可言传，似乎不能通过训练来习得，只能靠学生个人感悟。事实并非如此，多年来，我坚持引导学生在完成创新求解的思考后，还要尽量反思题目的表述特点和结构特征，从而透过现象看出本质，并建立题目的结构模型。比如：

【习题 1】计算：$300 \div 5 - 12 \times 4$

$$= 60 - 48$$

$$= 12$$

这题的本质是求 60 与 48 的差是多少，或者说是 60 比 48 多多少，结构上是两步计算，60 与 48 要分别先求商和积获得。试想，如果学生的认识能到这一层次，那么收获是否要远远超过仅仅是算了一道计算题呢？

【习题 2】学校图书馆原有一批故事书，六年级学生借走 40% 以后，管理员又从新华书店买来 180 本，新买来的故事书正好相当于原来的 25%，六年级学生借走故事书多少本？

这题的本质是求 720 的 40% 是多少，但 720 没有直接给出，需要根据已知条件先算出来（$180 \div 25\% = 720$），结构上是两步计算。

【习题 3】某市出租车的收费标准如下：

里　程	收　费
3 千米及 3 千米以下	8.00 元
3 千米以上，每增加 1 千米	1.60 元

小兰乘出租车从家到外婆家，共付费 17.6 元，小兰家到外婆家相距多少千米？

此题现实性很强，表述也很新颖，但它的本质是求 3 加 6 的和是多少，但 3 与 6 这两个条件比较隐蔽，尤其是 6〔（17.6-8）÷1.6=6〕。结构上属于三步计算。（创造这种出题方式的人是了不起的，但就是这样一道并不算难的问题，有相当一部分学生会感到束手无策，原因何在？除了我们的学生缺乏一定的生活经验以外，是不是还缺乏一种透过现象看本质的能力呢？试想，如果学生能很快把握问题的实质，是否一切都迎刃而解了呢？）

【习题 4】中央电视台少儿频道星期六部分节目时间表如下：

星期六 06:50	《大风车》
星期六 09:00	《动漫世界》
星期六 11:00	《中国动画》
星期六 12:45	《异想天开》
星期六 13:35	《第二起跑线》
星期六 15:20	《东方儿童》
星期六 18:15	《新闻袋袋裤》
星期六 19:30	《智慧树》

（1）8:20 小刚开始做作业，他想看《动漫世界》，他还能做多少分钟作业？

（2）《新闻袋袋裤》到《智慧树》开播有多长时间？

此题的生活气息更浓，但实质上是计算经过时间，计算经过时间的方法有多种，其本质可以看作类似万以内的减法，只不过不够减时借的“1”不作 10 而作 60 罢了。

3. 发展变化——第三部曲

小学数学的作业题浩瀚如海洋，永远也做不完。如何在有限的时间内最大限度地提高学生的学习效率则是我们为人师者不得不认真考虑的现实问题。在完成了对问题的本质建构以后，还有个环节必须去做，就是要让学生学会"举一反三"，也就是根据题目的结构特征，自己去思考：这一问题还可以怎样发展变化？能否从问题的本质出发，变换出无数种可能？

习题 1 中求 60 与 48 的差，在保证题目结构不变的情况下，应该有无数种变化的可能，如 $30 \times 2 - 96 \div 2$，$120 \div 2 - 24 \times 2$……思考到这一步，是否就等于做了很多道题了呢？

习题 2 中两步计算 720 的 40% 是多少，按照原题的设计思路，如果改变内容的表述，同样也有无数种可能。如果表述内容和结构均有变化，则会有更多的变化可能。

如：仓库里有一批轮胎，35% 已经报废，有 180 个轮胎是崭新的，刚好占原轮胎的 25%，其余的轮胎还有多少个？

某村庄植树，死亡了 180 棵，占植树总棵数的 25%，因管理不善，乱砍乱伐，又有 40% 的树苗被村民毁坏了，请问一共毁坏了多少棵树苗？

……

习题 3 的变化空间就更大了，可以调整出租车的收费标准，也可以调整出租车的里程标准，甚至可以转换问题的提问方式，如在原条件不变的情况下可以问："小兰家距离外婆家有 11 千米远，她至少要带多少钱？"诸如此类的变化还有很多很多……

习题 4 的变化同样有很多，在这里不再一一列举。

试想，学生们如果经常性地这样思考问题，思维能力的提升姑且不说，摆在学生面前的有限的作业题岂不就变成了无边无际的题库海洋？那么提高学习效率是否就找到了真正的落脚点了？当然，学生这种能力的习得并非一日之功使然。

以上三部曲要尽力向学生提倡和要求，但不能统一标准，要根据学生的个体差异作出弹性处理。

二、批改作业的"三部曲"

新课改实施以来，关于作业的批改方式人们作了很多有益的探索。比如请家长、学生参与的主体多元化评价，内容多维度的评价，延缓评价，无差错评价，激励性评价等等。这些评价方式的改革，无疑都极大地调动了广大学生的学习热情，但如果要把作业提高到学生生命需要和生活方式的高度来审视，仅有这些外在的刺激还略显不够。作业批改虽属于教师的分内工作，但我们也不能让学生感觉与他们自己毫不相干，应该引导学生进行自主评价、培养其自我管理的意识。为此，作业批改，我通常这样做：

1. 自我评价——第一部曲

很多家长反映，孩子作业写完了学习就结束了，让他再算一遍或检查检查简直比登天还难。现在的学生普遍缺少甚至根本没有检查的意识和习惯。针对这样的现状，每次写完作业后，我总是要求学生先自我评价，并根据自己的认真程度和自我满意度给自己定星级，从一颗星到五颗星不等，用笔画在每次作业的后面，老师批改时根据学生的作业情况再给予相应的等级。凡是自我评价与教师评价大致相当的则给予肯定或表扬，如果差距太大，则要个别谈话，找出原因。这样做的好处有两个，一是有意识地引导学生参与自我评价，二是让学生在评价的过程中不断地学会把握自我、认识自我。

2. 自我查找——第二部曲

即使学生在上交作业前作了充分的检查，也难免有错误出现。学生出现了错误怎么办？批改作业时我通常这样处理：打开学生的作业后，先整体审阅一遍，如果全对，再批上对勾、等级和日期，如果发现错误，则仅批上日期。学生拿到后，如果看到自己的作业上仅有日期，就说明此次作业中有错，但哪里错了，老师并没有标明，需要自己去仔细对照、查找（如果自己找出错误并改正对了，与同水平的一次性全对的同学仅差一颗星的待遇）。为什么要这样处理？不知老师们是否认可这样一种观点：学生们平时作业中的大部分错误并不是不懂不会做造成的（个别人除外），更多的原因是粗心大意，没有检查或检查能力过低甚至根本不会检查，而这恰恰是影响学生学业成绩的最大原因。老师们是否遇到过这样的现象：同样的问题，如果老师口述问某个学生，他甚至可以不假思索地脱口而出正确答案，但在作业或试卷中他却离奇地出错。这里不排除小学生年龄偏小，文本阅读能力偏差的原因，但如果不有意识地引导训练，坏习惯一旦养成，岂不是年龄越大越糟糕吗？

3. 自我反思——第三部曲

学生查也查了，找也找了，可就是没发现错误，况且个别学生还有部分不会做的题目存在，怎么办？让所有学生的作业本上全是对勾，显然不合情理，更没有必要。所以，一学期下来，有的学生的作业本上可能是全对，有的学生的作业本上则可能遗留着错误的痕迹，这都是正常的现象。但不管学生是哪一种结果，每一个学期结束前，我都要求学生写一个"错题回忆录"，以引导学生反思，并逐渐让反思成为学生的一种自觉行为。全对学生的回忆录重在总结成功经验并在全班推广，有错学生的回忆录则首先要对错题进行整理，然后再逐一分析错误原因并写出反思和感悟。

此"三部曲"与作业布置中的"三部曲"有所不同，作业布置中的"三部曲"更多地表现为一种隐性的要求，侧重在提升和提高，不便统一要求。但作业批改中的这"三部曲"则是显性的要求，便于操作，可对全体学生作出统一的硬性规定。事实证明，长期坚持对学生如此要求，学生对作业的自主监督、自我管理意识会不断增强，久而久之，自然也会成为一种习惯，从而达到生命需要和生活方式的境界。

总之，把作业变成学生的一种自觉需求和生活方式应该是新课程作业观追求的最高境界，它不仅仅需要作业设计的理念变革和作业批改的手段的更新，还需要我们从发展习得的角度作出一些更理性的思考。

四个小技巧教学生学会算

安徽省黄山市祁门县阊江小学　曾庆安（特级教师）　曾　健（青年优秀教师）

对于小学生来说，计算能力的培养是非常重要的，不管是日后的学习，还是走向社会后参加任何一项工作，哪一样都不能离开计算。但是，到了小学高年级，开始学习分数、小数及整数的混合运算，这在计算上可算得上是一次很大的飞跃，难度猛然增加。有相当一部分学生开始觉得计算太麻烦、太枯燥，远远比不上应用题那样富有故事情节又有思考的趣味性，因此对学习数学（尤其是计算）产生厌倦，学习的积极性日渐低落。然而计算又是数学学习中最重要的基础之一，绝不可等闲视之。

如何帮助小学生克服这一困难，顺利渡过分数、小数混合计算这一个"难关"呢？很多老师为之苦恼，也为此想了许多办法，最常听到的一种声音，就是"加大运动量"，即片面寄希望于"增加训练量"来达到提高计算能力的目的。尤其是一些年轻的数学老师，更是觉得：为什么这么简单的计算，小学生就是算不快而且常常算错呢？总以为是学生练习得不够刻苦，练习量不够充分，不免想起"熟能生巧""百炼成钢"这两个常理，于是就采用体育训练中的"加大运动量"的策略，鼓励学生用"时间和汗水"来换取"分数"。

但我们觉得，像这样一味靠"大运动量"的练习，拼时间、拼体力，是很不科学的。从儿童心理学的角度来看，机械、枯燥的练习，非但不能引发儿童学习的激情，而且很容易让儿童产生生理和心理上的疲劳；而在没有激情和心理疲劳的情况下做练习，学习效率将十分低下，甚至会适得其反，使学生产生厌学的情绪。我们在多年的教学实践中，深切地体会到：要想提高小学生的计算能力，首先要提高小学生的学习兴趣。而调动学生学习积极性，使原本比较枯燥的计算变得活泼有趣，有一个非常好的办法就是让学生掌握一些计算的小技巧。可以想象，当学生掌握了一些巧妙的计算方法，计算起来就能更加合理、更加简便，学习的积极性也会被充分调动起来，这样就能收到事半功倍的好效果。

下面我们就给老师们介绍从多年实践中总结出来的与分数、小数混合运算作业设计相关的几个小技巧。

一、加减小数好，乘除约分快

分数与小数相加减是小学生遇到的第一个"拦路虎"，他们往往都是拿不准该用什么方法来计算。有些老师甚至也觉得："这里面没有什么大学问。0.75 就是 $\frac{3}{4}$，分数、小数都一样。学生爱怎样做就怎样做，随他们去吧。"因此学生常常就会多走许多弯路，白白花去许多力气，而更为严重的是一旦学生养成了某种不科学的习惯，纠正起来就不那么轻松了。我们对这个问题的处理方法是：在学生开始接触分数与小数的计算时，就应该及时给予适当的启发和指导，让学生知道，进行分数、小数的加、减运算时，尽可能把它们化成小数来计算，这样做的好处是可以避免通分、约分以及分数的"进""借"等麻烦，能有效减轻计算的"工作量"，提高计算的速度和准确率。

例如，$31.106-6\frac{11}{20}$，如果把它们化成分数来计算是相当麻烦的：

$$31.106-6\frac{11}{20} = 31\frac{106}{1000} - 6\frac{11}{20}$$
$$= 31\frac{106}{1000} - 6\frac{550}{1000}$$
$$= 30\frac{1106}{1000} - 6\frac{550}{1000}$$
$$= 24\frac{556}{1000}$$
$$= 24\frac{139}{250}$$

若采用小数来计算，那就轻松百倍了：

$$31.106-6\frac{11}{20}=31.106-6.55$$
$$=24.556$$

解题之后，我们一定要让学生将这两次的计算进行比较，说一说用"分数"来进行计算有哪几步是最困难的，用小数计算有哪些优点。同学们经过分析和对比发现，采用分数计算，第一是"通分"麻烦，第二是分数不够减时的"借"更加麻烦，第三是最后答案还需要"约"到最简分数，这些都十分费力。而当我们把这道题目化成小数来计算，这些"麻烦"基本上都可以避免了。

当然，如果遇到一些不能化成有限小数的分数相加、减，那就只好用分数来计算了。如：$0.75+\frac{2}{3}$ 和 $3\frac{3}{7}-1.5$ 等，千万不要把其中的 $\frac{2}{3}$ 和 $3\frac{3}{7}$ 化成相应的小数近似值 $\frac{2}{3}\approx 0.67$、$\frac{3}{7}\approx 0.43$ 来计算，必须把题目中的小数化成分数（$0.75=\frac{3}{4}$、$1.5=1\frac{1}{2}$）来进行计算。

至于小数与分数的乘除运算，则尽量采用"约分"法来做，这样就会又快又准又轻松。这也是我们必须刻意强调的，因为小学生在二年级到五年级一直在使用除法，猛然开始用"分数约分"还很不习惯。例如：

$$5\frac{1}{5}\div 2.08=\frac{\overset{1}{\cancel{26}}\times\overset{5}{\cancel{100}}}{\underset{1}{\cancel{5}}\times\underset{2}{\cancel{208}}}=2.5$$

为什么不鼓励学生用小数的"除法"呢？原因是：每当学生看见"÷"，他们便很快联想到除法的竖式"⌐——"，而忘记了用"约分"这个好办法，这就会增加计算的难度和计算的"劳动量"。

又如：一条水渠修好了588米，还剩252米，修好了全长的几分之几？

一般的解法是：

$$588\div(588+252)$$
$$=588\div840$$
$$=$$

接下来的工作，显然就是除法的竖式计算了（注意，这正是课本上例题的解法）。而我们在教学中进行了大胆的改革和实验，鼓励学生直接列"分式"：

$$\frac{588}{588+252}=\frac{588}{840}=\frac{7}{10}$$

"约分"，这对小学生来说真的是既新颖又有趣，能节省"工作量"，且正确率大大提高，很受学生的欢迎。实践表明，采用"直接列分式"的方法不仅可以减轻学生计算的难度，还能极大地减少列式中的错误。

二、约分要彻底，约净再相乘

有一些同学在做分数乘除法计算的时候，总是等不及，先把它们的分子、分母乘起来，然后再去做下一步的通分或约分。这样做虽然不会影响最后的计算结果，但是因为没有经过约分或者约分没有"约干净"（即约分不完全、不彻底），所以乘出来的积往往偏大，也正是由于数字偏大，下一步的计算肯定困难多多，而且容易出差错。例如：

$$\frac{24}{35}\div\frac{6}{7}+\frac{3}{4}=\frac{24}{35}\times\frac{7}{6}+\frac{3}{4}$$
$$=\frac{84}{105}+\frac{3}{4}$$
$$=$$

上面的计算，由于第一步的约分没"约干净"，下一步的通分就非常困难了。同样还是这一题，如果约分"约干净"了，效果就完全不一样。例如：

$$\frac{24}{35} \div \frac{6}{7} + \frac{3}{4} = \frac{\overset{4}{\cancel{24}}}{\cancel{35}} \times \frac{\overset{1}{\cancel{7}}}{\cancel{6}} + \frac{3}{4}$$

$$= \frac{4}{5} + \frac{3}{4}$$

$$= 0.8 + 0.75$$

$$= 1.55$$

在这一次的计算中，我们把约分"约干净"了，极大地降低了计算难度。接着我们又选用小数来做加法运算，多方便啊！

因此，我们在启发和引导小学生做分数乘、除法的时候，一定要告诉他们"先约分再相乘，同时一定要约干净"的小窍门。有必要适当设计一些"对比"练习来让孩子真切体会到"约分要彻底，约净再相乘"的好处。

三、乘除相混合，一次把分约

在计算分数、小数乘除混合运算时，同学们往往还是习惯于像以前四五年级做脱式计算题那样，从左往右一步一步地算。这样不仅增加了很多工作量，而且特别容易出错，真是吃力而不讨好。

其实，乘除混合运算，不管它们有多少步，也不管它们是分数、小数或者整数，都可以采用"一次约分"来完成。例如：

$$6.3 \times 6\frac{1}{2} \div 1.8 \times 9 \div 5\frac{1}{4}$$

$$= \frac{63}{10} \times 6\frac{1}{2} \div \frac{18}{10} \times \frac{9}{1} \div 5\frac{1}{4}$$

$$= \frac{\overset{3}{\cancel{63}} \times 13 \times \overset{1}{\cancel{10}} \times \overset{1}{\cancel{9}} \times \overset{2}{\cancel{4}}}{\underset{1}{\cancel{10}} \times \underset{1}{\cancel{2}} \times \underset{\underset{1}{\cancel{2}}}{\cancel{18}} \times 1 \times \underset{1}{\cancel{21}}}$$

$$= 39$$

在我们让学生做这一类练习的同时，更有必要引导同学们回顾一下四五年级学过的整数和小数的乘除混合运算，例如：$9.3×42÷1.55×0.25÷35$，怎样计算更巧妙、更合理呢？我们"居高临下"站在分数计算的"高处"回头看看以前学习过的题目，引导大家用"一次约分"的方法重新算一次：

$$9.3×42÷1.55×0.25÷35$$

$$=\cfrac{\cancel{93}×\cancel{42}×\cancel{100}×\cancel{25}×1}{\cancel{10}×1×\cancel{155}×\cancel{100}×\cancel{35}}$$

$$=1\cfrac{4}{5}$$

这一次的"约分"计算，同学们一定会感到无比的轻松和兴奋，学习积极性也一下子就提高了许多。同时，大家对计算的认识也有一个质的飞跃。"一次约分"的优点很多，一定要引起同学们的高度重视。

四、审题要细心，简算真巧妙

简便计算是儿童们最喜爱的，它们像"变戏法"一样活泼有趣。以前我们学习过的一些关于整数、小数的简便计算技巧，像加法和乘法的交换律、结合律，乘法的分配律等，都可以灵活地运用到今天分数和小数的混合运算中来。即便是某一道题目从整体上看，不能简便计算，若其中的某一部分可以简算，我们也不要放过它。这样不仅可以减轻计算的"工作量"，还能给孩子增添计算的"乐趣"，提高儿童学习数学（计算）的积极性。

下面我们再来看几个分数简便计算的例子。

1. 拆开乘。

$$4\cfrac{7}{15}×30=(4+\cfrac{7}{15})×30$$

$$=4×30+\cfrac{7}{15}×30$$

$$=120+14$$

$$=134$$

▲把 $4\dfrac{7}{15}$ 拆成 4 与 $\dfrac{7}{15}$ 相加，然后分别与乘数 "30" 相乘。

$$\dfrac{77}{499}\times 500=\dfrac{77}{499}\times（499+1）$$
$$=\dfrac{77}{499}\times 499+\dfrac{77}{499}\times 1$$
$$=77+\dfrac{77}{499}$$
$$=77\dfrac{77}{499}$$

▲把 500 拆成 499 与 1 相加，使之与被乘数的分母相吻合。

2. 凑整乘。

$$\dfrac{2005}{2006}\times 2005=\dfrac{2005}{2006}\times（2006-1）$$
$$=\dfrac{2005}{2006}\times 2006-\dfrac{2005}{2006}\times 1$$
$$=2005-\dfrac{2005}{2006}$$
$$=2004\dfrac{1}{2006}$$

▲把 2005 添上 1，使它能与被乘数的分母相吻合。

$$99\dfrac{97}{98}\times 49=（100-\dfrac{1}{98}）\times 49$$
$$=100\times 49-\dfrac{1}{98}\times 49$$
$$=4900-\dfrac{1}{2}$$
$$=4899\dfrac{1}{2}$$

▲因为 $99\dfrac{97}{98}$ 接近 100，就把它凑成 100，然后分别与 "49" 相乘。

3. 换分子。

$$\frac{2}{7} \times \frac{3}{8} + \frac{5}{8} \times \frac{3}{7} = \frac{2}{7} \times \frac{3}{8} + \frac{3}{8} \times \frac{5}{7}$$

$$= \left(\frac{2}{7} + \frac{5}{7} \right) \times \frac{3}{8}$$

$$= 1 \times \frac{3}{8}$$

$$= \frac{3}{8}$$

▲将 "$\frac{5}{8} \times \frac{3}{7}$" 的两个分子互换，变成 $\frac{3}{8} \times \frac{5}{7}$ 即可提取 $\frac{3}{8}$ 了。

$$\frac{9}{13} \times 5 + 9 \times \frac{8}{13} = \frac{5}{13} \times 9 + 9 \times \frac{8}{13}$$

$$= \left(\frac{5}{13} + \frac{8}{13} \right) \times 9$$

$$= 1 \times 9$$

$$= 9$$

▲将 "$\frac{9}{13} \times 5$" 的 5 写成 "$\frac{5}{1}$"，就可以互换分子了。

4. 变除为乘。

$$1\frac{2}{5} \times \frac{4}{9} + \frac{5}{9} \div \frac{5}{7} = 1\frac{2}{5} \times \frac{4}{9} + \frac{5}{9} \times \frac{7}{5}$$

$$= \left(\frac{4}{9} + \frac{5}{9} \right) \times 1\frac{2}{5}$$

$$= 1 \times 1\frac{2}{5}$$

$$= 1\frac{2}{5}$$

▲将 "$\div \frac{5}{7}$" 变为 "$\times \frac{7}{5}$"。

像这样简便计算的例子还有很多，我们一定要注意收集和整理。简便计算的关键就是要抓住题目中数据的特点和联系，有时还必须进行一些灵活的数据转化，为使用运算定律"搭桥铺路"。因此，要教育学生在做每一道计算题之前都要认真审题（很多老师只是强调学生在解应用题时要仔细地去审题，而忽略对计算题的审题习惯的培养，这也是目前小学数学教学中的一个"盲点"），通过对题目中各个数据的观察分析，看看能不能运用简便计算的一些技巧。像这样可以简便计算的小题目还有很多，把它们穿插到学生日常的练习中，以激发学生的学习兴趣。久而久之，同学们就能养成一种良好的审题习惯。而学习习惯的养成，才是我们最最希望看到的。

我们在指导学生做计算练习时，不要贪多，不要求快，也不要老是停留在某一个层面上做反复而乏味的"操练"，应不断设计有针对性的、循序渐进的练习，通过每一次练习让学生得到相应的锻炼和某种程度上的提高。要鼓励学生在练习中多动脑筋找窍门，努力使自己的计算更科学、更合理、更省力、更轻松。如果我们在教学中能多在这方面下功夫，就一定能帮助小学生从原本枯燥的练习中寻找到无比的乐趣，从而真正实现既能减轻学生过重的课业负担，又能提高教学效果的双丰收。

化题为组，化题为材

浙江省衢州市柯城区教研室 陈新福

一线教学的老师都知道，书本是最宝贵的教学资源，也会不折不扣地用足书本里的每道题目，笔者就听到一位有经验的老师说道：数学书里的每道习题，我都会让学生做，然后会批改每道题目，错误的要求学生订正，直到题题过关。由此可见，教材中的习题在教师心目中的分量与地位。

然而，每道题目都要求学生做过，且题题过关，不说教师工作量大，就学生来说学习负担也太重了。为此，我们老师应该在用足习题的基础上，合理地解构书本中每道习题的内在价值，在解构的基础上重构新习题，做到化题为组，力求让学生通过练习达到做一题会三题，练一组会一片，练一时用一世（此语有点夸大，但数学思想方法确实有如此巨大之作用）。

那么，在教材解读中，如何点题为材，化渡"众题"，变一题为一组呢？

一、在原题基础上，加入"数量"因子，变一题为一组

在数学书本里，许多习题其实已经具有题组的"雏形"，只要教师根据需要，在这些习题的基础上，加入"数量"因子，这些习题就会成为更富学习价值的题组。

1. 原题呈现

学习"组合图形的面积"时，书本中有一道求无盖纸盒展开图的面积的题，具体内容如下图所示：

3. 如图，一张硬纸板剪下 4 个边长是 4cm 的小正方形后，可以做成一个没有盖子的盒子。你知道剪后的硬纸板面积是多少吗？

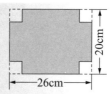

26cm

20cm

2. 剖析思考

学生在解答这道题目的时候，多半会采用"减法"思路来解决；另外，本题给出的数字条件，不是特别"凑巧"，所以列式就会比较单一。为此，我们可以对题目的"数字"进行了"改造"，将中间部分的数字变为相同数（见题目 1）；然后，再将题目 1 里的数字进行变化，成为长方体的无盖纸盒（见题目 2），这样，就将一道题目改变成了两道题目的题组。

3. 题组呈现

题目 1：一张硬纸板剪下 4 个边长是 5 厘米的小正方形后，可以做成一个没有盖子的盒子，你知道剪后纸板面积是多少吗？

题目 2：如果上面展开图的中间部分是个长方形，条件如下，它的面积是多少？

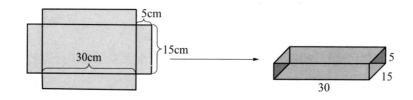

学生通过解答，不仅掌握了书本习题的"减法"策略，更为重要的是，学生通过对给予的条件进行分析、思考后，得出多种列式表达，发展了学生的数学思考能力。

二、在原题基础上，加入"学法"因子，变一题为一组

上面提到的习题，经过改造后，带来了列式的多样，带来了技能的提高。学生通过习题练习，除了巩固技能外，还有个非常重要的内容，就是"剥茧抽丝"，从具体的习题练习中感悟、提炼学习方法，感悟、领会数学学习策略。

1.原题呈现

还以《组合图形的面积》一课为例，书本里有道求解队旗面积的习题，内容如下：

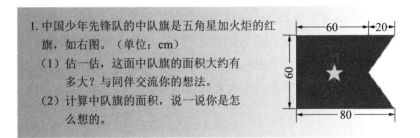

2.剖析思考

在这道题目里有个问题："说一说你是怎么想的"。实际上这道题目思考的方法就一种，而本课在学习中，要学习两个基本方法："割"和"补"。为了促使学生更好地掌握两个基本方法的特点，培养学生看图选择方法的能力，我就以"怎样根据条件来选择合适的计算方法、策略"为指导，对该习题进行了改造，把一道题目改变为三道题目。

3. 题组呈现

先计算它们的面积，说说你发现了什么？

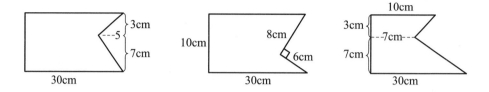

学生通过解答改造后的习题，自然就知道当图形特征差不多时，因提供的数据条件不同，所应选择的求解策略、方法是不同的：可以采用割的方法，最后把求得的各部分面积加起来；也可用补的方法，最后用求得的大面积减去补上去的面积。

三、在原题基础上，加入"数量关系"因子，变一题为一组

数学要让学生掌握知识，习得技能，理解学法及策略，更为重要的还需要构建对数学的认识，如我们教学中经常说的让学生掌握数量关系等，就是这个要求。在练习中，让学生感受、体验、把握习题里的数量关系，其作用价值是非常大的，有助于学生数学思考能力的发展。

1. 原题呈现

仍以《组合图形的面积》一课为例，书本里有道求解两张卡片重叠部分面积的习题，内容如下：

5. 如图，有两个边长是8cm的正方形卡片叠在一起，求重叠部分的面积。（单位：cm）

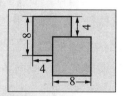

2. 剖析思考

如果课堂上仅仅让学生解答，而且给的时间比较少，则受益的或许只有几个孩子。但是如果把这道题目改造成一组题，让学生去探索，去研究，然后得出题目"背后"的数量关系，则其意义就会非常大。为此，我增加了三个正方形重叠、四个正方形重叠的图形，而后让学生思考解决问题的思路及方法。

3. 题组呈现

求重叠部分的面积（单位：厘米）：

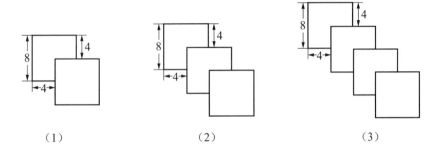

（1）　　　　　　　（2）　　　　　　　（3）

学生通过练习，思考该题目的计算规律。如果把图形"内部"再分一分，就可以得到下面三个不同的图形：

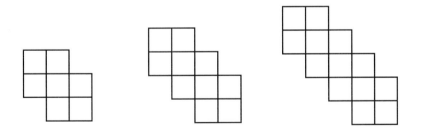

学生通过计算三道题目的面积，进行分析、推理，可以得出该类图形整个面积计算的方法是：面积 =16×（3× 正方形个数 +1）。

最后我想说，题组的设计是一个综合考量的系统问题，出于叙述的需要，我将如何改编题组，从"数量""学法""数量关系"等三个角度来说明，实际本文中所例举的几个题组，是综合的，是两个、三个或者更多方面的综合，正因为这样，由书本习题改编而来的题组才会更具学习价值，才会更有生命力。

初中数学课后作业分层初探

江苏省张家港市南丰中学　徐　忠

在初中数学教学中，每天给学生布置适量的作业是深化知识，巩固知识，提高学生思考能力和检查学习效果的重要手段，也是复习与应用相结合的主要形式，是我们整个数学教学过程中的一个重要环节。然而在批改学生作业的过程中，我发现学生作业里面存在着很多的问题，比如很多学生概念不清，做了很多遍的题目还是出错，对以前课上讲解过的一些题目的变式题，他们反应不过来，特别是考试的时候，学生的很多问题就一下子暴露了出来。针对这些情况，几年来我一直以减轻学生课业负担和提高学生的数学应用能力为目标，对学生的作业进行了创新和优化，即对学生的解题过程进行了四个层次的训练，取得了不错的效果。

什么是解题的四个层次，请听我慢慢道来！

解题的第一个层次：每天布置适量的基础题和少量的中档题给学生练习，鼓励学生一题多解。例如在学完"平行四边形判定"后，我给学生布置了这样一道习题。

【习题1】如图所示，在▱ABCD中，点E，F都在对角线AC上，且AE=CF，连接DE，BE，DF，BF，则四边形DEBF是平行四边形吗？为什么？

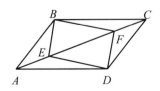

布置学生做这道题目时我要求至少用两种解法，并鼓励学生最好分别用平行四边形的四个判定定理解题。

作业布置反思：让学生用多种方法解答这道题目，主要目的是让学生掌握证明平行四边形的四个基本判定方法，让学生在潜意识中比较这四个判定方法在这道题目应用中的优劣。在批改学生作业时，我发现很多学生都用初一时教的三角形全等证明四边形边的关系，然后再证四边形 BEDF 是平行四边形，只有部分同学会用对角线互相平分的四边形是平行四边形这个定理来解答这道题目。于是我把这种方法贴在教室的问题角上，并写了解题总结：如果要用到对角线互相平分的四边形是平行四边形这个定理，一般情况下都要连接四边形的对角线然后再证明。没有用这种方法做的学生看了以后大呼简单。这一过程不但巩固了上课内容，还加强了知识之间的联系，开阔了视野，提高了学习兴趣，培养了学生的发散思维能力。

解题的第二个层次：在解完题目的基础上，我画出一部分易错和概念易混淆的题目，要求学生写出解题过程中每一步所用的知识点，写出一些问题的来龙去脉以加深对题目和知识点的理解。例如刚开始教学生学习几何证明时，很多学生证明过程写得乱七八糟，思路不清晰，我就要求学生写证明时，写出每一步所用的定理和知识点，让学生加深对知识的理解。以后在做证明题时，我都会有意识地挑一个到两个证明题让学生写出每一步的知识点，这样对学生逻辑思维的训练和知识点的掌握有一定的好处。通过训练，学生证明时再也不会乱做了。在计算题中，我也要求学生写出一些题目的知识点。例如：

【习题 2】计算 $\sqrt{4} + |-1-\sqrt{3}| - \sqrt[3]{(-5)^3}$。

我要求学生写出 $\sqrt{4}$ 表示什么，$|-1-\sqrt{3}|$ 表示什么，$\sqrt[3]{(-5)^3}$ 表示什么，学生通过这些训练，对算术平方根、绝对值、立方根等数学上一些基本概念不再混淆。在一次初三上学期的期末考试中，出卷的老师考了初二教的"勾股定理与平方根"中的 $\sqrt{x-1}$ 的取值范围，结果全校错误率达到 40% 以上，而我班仅有两名同学做错。在同一张试卷上有一道关于二次根式的填空题——对 $\sqrt{x^3+xy}$（$x<0$）进行化简，结果全校错误率达到 70% 以上，而我班只有不到 30% 的同学做错。这充分说明我们在作业中对这些基本概念的训

练所取得的效果还是不错的。

作业布置反思：基本概念是解数学题目的根本，很多学生基础题容易出错，难题做不出，最根本的原因就是没有很好地掌握基本概念，通过这个层次的训练夯实了学生的基础，为学生后续发展提供了必要的条件。

解题的第三个层次：通过题目中给出的信息，训练学生能够一眼发现解题的关键，并且能够针对题目提出一些问题，成为真正的解题高手。学生平时在做练习的时候，解题的速度有快有慢，晚上布置的家庭作业中，部分成绩优异的学生，很快就做完了。所以针对这种情况，我要求班内中上等学生在做完作业的基础上，通过题目中给出的信息，写出自己的思考过程，并针对题目提出一些问题，看看还可以求什么。看这样一道习题：

【习题3】已知：如图，在梯形 ABCD 中，AD ∥ BC，M 是 CD 的中点，且 AD+BC=AB，求证：AM、BM 分别是∠DAB、∠ABC 的角平分线。

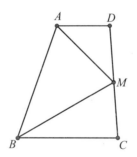

有的学生写到，看到 AD+BC=AB 这个条件，就马上想到要延长 AM 和 BC，利用两个三角形全等把 AD、BC 这两条线段转化到一条线段上（见下页左图），然后证明 AB=BF。当然也有学生想到延长 AD 和 BM，方法同上。还有的学生写道，看到 AD+BC=AB 这个条件，马上想到用中位线来证明（下页中图）。还有两个学生居然想到把梯形 ABCD 绕着点 M 旋转 180 度得到一个菱形来证明（见下页右图），他们写道，看到要求证 AM、BM 分别是∠DAB、∠ABC 的角平分线，马上就想到菱形的对角线平分一组对角这个定理。在学生提出的问题中，有的学生提出可以证明∠AMB=90°，有的人提出可以证明 $S_{\triangle ADM}+S_{\triangle BCM}=S_{\triangle ABM}$。还有同学提出当梯形 ABCD 是直角梯形（∠ABC=90°）

时，△ABM 是等腰直角三角形等许多问题。

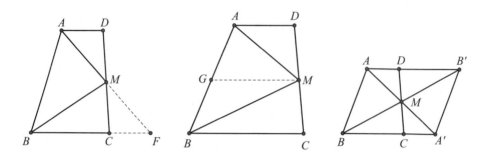

作业布置反思：达尔文说"最有价值的知识是关于方法的知识"，教师不仅要使学生学会知识，更要使学生学会和应用知识去思考分析问题。训练学生通过题目中给出的信息，采用分析法和综合法分析问题，找出解决问题的思路和方法，是我们教会学生学会数学，优化学生学习过程，提高学习效率的主要方法。

解题的第四个层次：能够理清题目的诸多变化，探究题目的数学思想方法，提高解决问题的能力，做题目的主人。对于班内一些数学成绩顶尖的学生来说，前面三个层次的训练远远不能够满足他们的需要，所以在教学中我有意识地让这些学生去研究题目，改编题目，探究题目的本质，真正做题目的主人。例如：

【习题4】如图，正方形 ABCD 中，边长 AB 等于 4，M 是边 AD 上的一点，ME⊥AC，MF⊥BD，垂足分别是点 E、F，那么 ME+MF=_____。

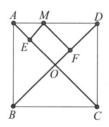

学生做完这道题目后进行了如下改编：

【变式1】如上图，正方形 ABCD 中，边长 AB 等于 4，M 是正方形 ABCD 边上的一个动点，ME⊥AC，MF⊥BD，垂足分别是点 E、F，那么 ME+MF=_____。

【变式2】如图，矩形 ABCD 中，AB=3，AD=6，M 是矩形 ABCD 边 AD（也有同学换成边 AB）上的一点，ME⊥AC，MF⊥BD，垂足分别是点 E、F，那么 ME+MF=_____。

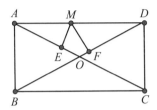

也有学生把矩形换成菱形，换成平行四边形，发现这两条线段之和在变化，求不出来。后来几个学生发现这道题与等腰△AOD 面积和两腰有关，于是有的学生就进行如下改编。

【变式3】如图，在等腰△ABC 中，AB=AC=5，BC=3，D 是等腰△ABC 底边 BC 上的任意一点，DE⊥AB，DF⊥AC，垂足分别是点 E、F，那么 DE+DF=_____。

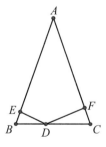

还有学生把它换成等边三角形，换成等腰梯形。

【变式4】如图，在等腰梯形 ABCD 中，OB=OC=5，BC=8，E 是等腰梯形 ABCD 底边 BC 上的任意一点，EF⊥BD，EG⊥AC，垂足分别是点 F、G，那么 EF+EG=_____。（其实还是在三角形里）

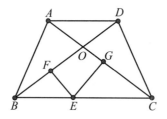

【变式5】如图，在等腰梯形 ABCD 中，AB=CD=5，AD=3，BC=9，E 是等腰梯形 ABCD 底边 BC 上的任意一点，EM ⊥ AB，EN ⊥ CD，垂足分别是点 M、N，那么 EM+EN=_____。

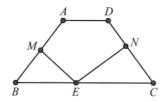

最后学生总结：解这类题目的方法都是用等积法，当然还有很多变式就不一一列举了。

【习题5】如图，△ABC 是圆 O 的内接三角形，AD ⊥ BC 于 D，AE 是圆 O 的直径，求证：∠BAD=∠CAE。

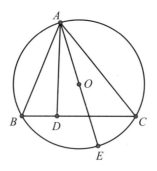

这道题目学生想出了很多解法，如连接 BE 或者连接 CE，利用直径构造直角三角形解题，后来有学生发现，过 C 点作 AE 的垂线可以利用垂径定理解题，由垂径定理可知∠ACF=∠ABC，于是很容易得出∠BAD=∠CAE。

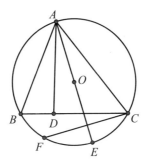

又有学生发现过 B 作 AE 的垂线也可以利用垂径定理解题。接着又有学生发现过 A 点、E 点作 AE 的垂线也可以解题。

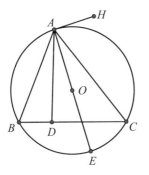 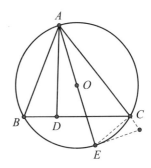

于是有的学生就大胆猜想，是不是过直径 AE 上任意一点作垂线就能解题呢？他们发现真的可以，因为∠BAD+∠ABC=90°，利用垂径定理知∠ABC=∠AFM+FMC，因为∠FMC 和∠FAC 所对的弧是同弧，所以相等，于是∠BAD+∠AFM+FAC=90°，又因为∠CAE+∠AFM+FAC=90°，所以得出∠BAD=∠CAE。学生通过探索总结出解这道题目的关键和通法，对圆里的知识掌握得也就更加深刻了。

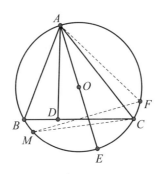

作业布置反思：学生通过这一系列题目的探索，用不同的思路从不同的角度找出各种解题方法，然后总结方法，通过改编题目，理清题目的诸多变化，对题目进行大胆的猜想、有效的探索，激活了创新潜能，不仅使自己学到新知识，而且更重要的是培养了实践能力和探索、创新的精神。

数学新课改的基本理念是：人人学有价值的数学，人人都能获得必需的数学，不同的人在数学上得到不同的发展。对学生作业进行分层，使教师的着眼点面向了全体学生，使各类学生都有所学、有所用、有所提高，并且给每个学生创设了一个自主学习、自主钻研的舞台，促进学生个性的发展。第一、第二个层次的练习，主要目的是让每个学生掌握基本概念和基本运算，为后面两个层次服务；通过第三、第四个层次的训练，让学生悟题、解题、研题，发散了学生的思维，练习中让学生自己定位自己所在的层次，并且努力向更高一个层次迈进，促使学困生向学良生转化、学良生向学优生转化，学优生则更优。在第三、第四个层次的训练中，我把学生们好的研究成果，各种思考方法都贴在教室的问题角上，促使每个学生进行交流、讨论，在合作中共同提高。

总之，对作业进行分层是因材施教的一种模式，体现了"绝不放弃每一个学生"和"不同的人在数学上得到不同的发展"的教育思想，有利于每个学生的终身发展。

创新课前作业，突破重难点

——《计算包装箱用多少纸板》一课的思考与实践

北京市丰台区右安门第一小学　李　平

我以《计算包装箱用多少纸板》一课为例，进行了实践和反思，通过制作包装箱的课前实践活动，让学生很容易就理解了"包装箱上下折页的宽度是包装箱宽的一半"这一教学难点。简单有趣的课前实践，使每个学生都能用简洁的方法计算出包装箱用了多少纸板，使每个学生都变成聪明的学生，收到了事半功倍的效果。

一、案例背景

《计算包装箱用多少纸板》是京版五年级下学期的一节数学综合实践活动课，是在学生学习了长方体正方体表面积计算的基础上进行教学的。本课教学重点就是让学生了解包装箱的结构，掌握制作一个包装箱用多少纸板的计算方法，并能运用这些知识解决生活中的一些简单的实际问题。其中理解"包装箱上下折页的宽度是包装箱宽的一半"是本课教学难点。以前我在上这节课的时候，是让学生观察包装箱的结构，自己尝试计算，学生有很多种计算方法，然后再选择最简单的计算方法。但用这种教学方式，部分学生只是机械地记忆，过一段时间就又忘记了。基于以往经验，我想我们在教学中必须为学生提供丰富、形象、鲜明的感性材料，强化感知，突破难点。由于课堂四十分钟时间有限，所以我设计了制作包装箱的课前作业，让学生在亲身体验中感知折页的宽和长方体宽的关系，对整节课重难点的突破及达成，起到了事半功倍的作用。

二、课前调查

制作这样一个包装箱需要多少纸板？（图中圈住的部分以下简称折页）

这个知识，我想让学生想象肯定不行，于是我就拿来实物问学生怎样计算制作这样一个包装箱需要多少纸板。

生1：求纸板的数量就是求长方体的表面积。

这位学生显然没有观察纸箱的结构。

生2：不是不是，这个包装箱不止有外面的六个表面，它里面还有重叠的面呢。

生3：可以把这个包装箱展开，或者压扁，再计算展开图的面积。

（注：图中灰色线条是包装箱的长，黑色是包装箱的宽，白色是包装箱的高。）

生4：展开是个长方形，但我们不知道这个长方形的长和宽分别是多少？不展开的话折页的长和宽我们也不知道。

从学生的回答可以分析出学生的方法多样，思路比较开阔，但思考方法还是比较复杂的，我想学生能够获得最佳的解题方法不走弯路最好，那就要找到展开图的长和宽，怎么能让学生自己发现展开图的长和宽与包装箱的长、宽、高的关系呢？我在这方面作了思考和尝试。

《计算包装箱用多少纸板》这一节课的关键是八个折页的长和宽，引导学生观察八个折页的长就是纸箱的长和宽，宽就是纸箱宽的一半。学生不喜欢枯燥的观察，即使当时得到了答案也未必能记住很久。

三、案例描述

片段一：自己制作的体会。

在学习《计算包装箱用多少纸板》这节课之前，我一直在考虑怎么能让学生认识折页的宽和长方体的宽的关系呢？怎么能让孩子们用简单的方法计算制作包装箱用了多少纸板？因为包装箱的展开图是个长方形，所以我自己用一张长方形的纸做了一个微型包装箱，第一次我做的包装箱太扁了，不好看，就又重做了一个，可看起来简单，做起来难啊！突然我灵机一动，何不让学生也动手做一个呢？

片段二：小表演巧设作业。

课堂上，我拿出我设计好的一张长方形的纸（我提前计算好长宽高和重叠折页长宽），对同学们说："我只需要剪六下，再折一折（如下图所示），就可以把这张长方形的纸做成纸箱，你们相信吗？"学生们都异口同声说不信。学生们瞪圆了眼睛看我操作，不到 30 秒，在学生还没看出什么门道的时候，一个微缩包装箱做好了。学生惊讶之余，也纷纷表示自己也要做一个！"好！那你们也做一个微缩包装箱。"

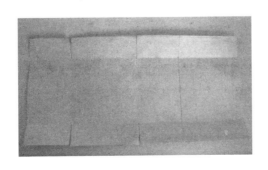

我顺水推舟布置了这个实践作业，让学生和家长一起动手制作包装箱，在动手操作中感受包装箱上下折页的宽度是包装箱宽的一半这个教学难点。

片段三：作品展示，交流制作心得。

第二天，一大早，形形色色的微缩包装箱出现了，我随机采访了几位同学做纸箱的经过，他们争先恐后地要给我讲他们的制作经历，有的还把制作过程画了下来。大多数开始拿着一张长方形的纸无从下手，然后把家里现有的纸箱拆开，变成平面图，照样子画图纸，长方形纸的长应该是纸箱的一个长，一个宽，一个长，一个宽；长方形纸的宽应该是纸箱的高，还有上下两个折页的宽。然后再折叠。做好后，和实物对比，发现包装箱的八个折页怪怪的，有的八个折页一样大，和长方体的上面一样大，有的两个较大的重叠面有重叠的部分，还有的四个重叠面对不上，然后再修改，有的做成功了，有的不知道如何修改。

片段四：集体交流，对比作品得到折页的长、宽与包装箱长和宽的关系。

上图中的箱子是学生的作品，我拿着这个小包装箱让学生评价，同学们发现，他做的包装箱折页太大了，我立刻拿剪刀要将他的折页剪得很窄，学生们马上制止我的行为："老师，别剪，那样又太小了！"看他们着急的样，我问："那多大合适呢？"一个学生回答："开始我做的和他的差不多，也是太大，我又观察纸箱，发现上面的折页对在一起正好是上面的面，也就是折页的宽正好是包装箱宽的一半。"这位同学说完，我拿起实物包装箱和学生一起观察，两个较大的折页对在一起正好是包装箱上面的面。通过集体交流，学生都赞同折页的长是由纸箱的长和宽决定，四个折页的宽是一样的（图中箭头的位置），是纸箱宽的一半。这样把包装箱展开后是个长方形，它的长 =2（长 + 宽），它的宽 = 高 + 宽。有了这样的发现，很多学生都坚信，这次他们一定可以用一张长方形的纸做出一个微缩纸箱了。于是，我规定了纸箱的长 5 厘米，宽 4 厘米，高 3 厘米，应该用面积多大的纸呢？

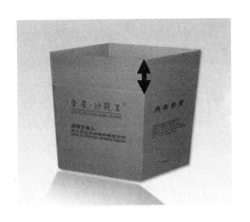

学生再次制作的包装箱的展开图如右图所示，长方形纸的长是两个长和两个宽，长方形纸的宽是一个高和一个宽，所以，计算所用纸的面积列式为：

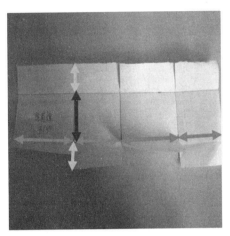

　　长：（5+4）×2=18（厘米）

　　宽：3+4=7（厘米）

　　面积：18×7=126（平方厘米）

这次作业的正确率为 100%，学生说他们喜欢这样的作业，动手操作让他们有了亲身体会，对包装箱的结构有了清楚的认识，当一个个小包装箱做好后，孩子们很有成就感。和学生一起制作的家长评价道：这样的实践作业可以让学生亲历知识形成的过程，孩子有自己的思考，对包装箱的结构有了真正的认识，希望老师多留这样的作业。

四、课后反思

1. 关于片段一

目的：有了自己制作的感受，使我有了制作纸箱的经验，才有了让学生也制作的灵感并修改了教学设计，课堂上才能和学生充分交流，分享他们的制作过程。

我自己亲自做了一个包装箱，我的体会是确实不太容易，对学生来说，理解并会计算包装箱用了多少纸板，确实是个难点。据以往经验，对于一节课的教学重、难点，我常常思考的是该采用什么样的课堂教学手段来进行突破，往往忽略了课前作业、课中练习、课后作业的辅助作用。预习不仅仅是看书，也可以是思考，也可以是实践体验活动。设计好有效的课前参与，可以节约课堂上的很多时间，又可以让学生动手操作，经历知识的形成过程，积累数学活动经验，对知识理解得更透彻。

2. 关于片段二

目的：激发学生的学习兴趣。

课堂上经常以趣味活动为挑逗学生好奇心的触发点，不仅会吸引学生的注意力，而且会使学生产生探索问题"奥妙"所在的神秘感，从而激发学生强烈的求知欲和学习的浓厚兴趣，这样避免了平铺直叙之弊，又可收到寓教于趣之效。

根据学生的特点，他们不喜欢枯燥的比较观察，我修改教学设计，在课堂中像变魔术似的，在短短的20几秒的时间内做好了一个微型包装箱，充分吸引了学生的注意力，使学生惊讶之余，心里痒痒的，有了想要自己也亲手制作的想法，好，这就达到了我的目的。精心设计课前实践作业，学生喜欢了，这就是成功的开始！

3. 关于片段三和片段四

目的：和学生交流制作过程，了解制作过程中学生的收获与困惑。在错与对的作品比较中，引导学生找到折页的宽和包装箱宽的关系。

从学生争先恐后地想要表达自己的制作过程可以看出，学生通过自己的实践，对包装箱的结构有了新的认识，为教学重点的理解、难点的突破提供了丰富的感性资料。最有意思的是，当我拿起剪刀想要把那个大大的折页剪小的时候，全班学生都急得站起来制止我，当时我心里一喜，学生知道折页不能太小，我感叹，正是有了制作包装箱的亲自实践，学生才有了这样的举动！

反思上述几个教学片段，我们不难看出，几何教学本身就需要以丰富的感性资料为支撑，课前实践作业为重、难点知识提供了思维上的铺垫，课中交流对重、难点起到了化难为易的作用，课后作业为重、难点起到了巩固和拓展作用，所以说针对教学重、难点精心设计课前操作活动，也是我备课研究的一个重要内容。

因此，既需要在课上有实际操作活动，更需要利用课前时间和空间的优势进行课前实践作业，为课上重、难点知识积累丰富的表象经验。数学就是研究关系的过程，《计算包装箱用多少纸板》这一课，通过制作包装箱的课前实践活动，每个学生通过动手实践都有了深刻的体会，头脑中对包装箱的认识，由体到面再由面到体，这让学生很容易就理解了"包装箱上下折页的宽度是包装箱宽的一半"的教学难点。再经过引导学生观察、比较、讨论，学生在对与错的对比中，在亲身体验中，感知折页的宽和长方体宽的关系，得到计算包装箱用多少纸板的计算方法。

这样精心设计实践作业，安排学生动手操作，既减轻了学生的学习负担，又引导学生在发现问题后及时动脑思考，不仅有效突破教学重、难点，而且也促进了学生思维能力的发展，同时也使学生乐于学。并且，课堂上师生交流过程中学生说得有理有据，知识生成的过程自然流畅，学生的计算方法简单明了，可谓一举多得。

巧编课堂小习题，妙评目标达成度

湖北省兴山县教育培训研究中心 杨守华

教育发展到今天，打造高效课堂、提高学习效率、真正减轻学生学业负担越来越成为广大教育工作者关注的问题。随着教改步伐的跨越式迈进，原有的教育教学模式已经越来越不适应新形势下的教育教学，原有的课堂习题也已经陈旧、老化，而且繁多，包括为巩固课堂知识而编写的习题也有待改进，因为那些习题都是在不熟悉学情的情况下编写的，且模式单一。如何巧编课堂习题，如何通过了解学生对习题的掌握熟练程度来评价学生的知识达标程度，即授课者的效果，又如何在以后的课堂教学中有效地进行查漏补缺，使不同的学生在数学中得到不同的、长足的发展，是我们每个教育工作者亟待解决的问题。

通过近几年的研究，我认为"巧编课堂小习题，妙评目标达成度"应从以下几方面着手。

一、立足教材、学生，编写好课堂小习题

评价教师的一节课是否高效，要看学生是否达成了本节课的教学目标。考查学生目标达成度的习题必须提前编写，编写要注重下列环节和方法：

1. 编写注重的环节

（1）注重习题编写与学生的基础知识密切联系。

新接班级或寒暑假刚开学必须做好这项工作，从多方面了解学生，包括学生的思想素养、文化知识素养、解决问题的能力等，其中特别要了解每个学生的文化知识素养，这一步可以借助集体问卷、独立练习、检测、课堂问

答等形式。因为每节课学生对目标的达成度不一样，在上每节课之前也要对学生有一个深入的了解，要做到对每一位学生的基础了如指掌，只有这一步工作做好了，教师才能真正掌握学生上课之前的知识基础，为下节课巧编习题奠基。

（2）注重习题编写突出教学的目标性、重点性。

我们上课的目的就是要让学生掌握每节课目标所覆盖的知识，会熟练运用所学知识解决实际问题，发展学生的智力，因此出题一定要突出目标，突破重难点。对与目标有关的知识，必须无一遗漏，做到一个"准"字，对目标外的知识，最好不要涉及。对重难点知识要举一反三，但也要做到一个"精"字，真正做到突破重难点，不出偏题怪题。

（3）注重习题编写形式的多样性。

教科书和练习册上都有很多习题，然而那些习题太单一了，都是传统的模式，有的甚至是简单机械的重复，也不符合学生的身心特征。学生若习惯于这样的习题，遇到一定的变式、一定的提深就无从下手，根本不能应付现在的考试。因此我们出题时一定要注意形式的多样性，这个多样性主要体现在以下方面：一是对同一类型的题目变个形式，改变题设或者改变问题，对学生的训练起到举一反三的作用；二是在题型上下功夫，各种题型的题目都要有所体现，使学生有一个新鲜感；三是同一题中覆盖多个知识点，有时只需一题就可以把这节课要解决的问题全部处理好。

（4）注重习题编写的趣味性。

兴趣是最好的老师，在日常学习中，如果学生对哪门功课有兴趣，那么他那门功课的成绩一定很优异，反之再简单的学习内容他可能也学不进去。在各门功课中，数学又是最不容易提高学生兴趣的一门功课，这就要求我们在编写习题时，要下大功夫，提升习题的有趣性。一是习题的题设和结论要尽可能简洁、通俗易懂；二是习题内容涉及的情境尽可能与教师、学生的学习生活相关，尽可能符合学生的年龄特征；三是习题形式多样，不断创新；四是习题尽可能与趣味游戏紧密联系。

（5）注重习题编写的层次性。

新的教育理论告诉我们，教学要依据学生实际，面向全体学生，人人学数学，不同的人在数学上得到不同的发展，使每个人都有长足发展。因此我们在编写习题的过程中，既要照顾尖子生又不能忽视学困生。一是所出各题做到由易到难，层层递进，逐步提高；二是注重主干部分，突出本节课的知识目标、重难点，达到教学的目的，完成本节课的教学任务，枝节显示学生的个性；三是每一题也有基础和拔高，基础差的同学能完成浅显的问题，基础好的学生能解答拔高的问题。

（6）注重习题编写的衔接性。

教科书中的教学内容，非常注重承上启下的作用，前后知识之间联系很紧密，我们在编写习题时也应该注意这个关系，注重复习旧知识和渗透新知识，这样真正起到了对旧知识的复习和对新知识的预习，使学生的知识更系统更完整。

（7）注重编写习题时体现学生的互动性。

许多教育工作者，在教育教学中只重视知识内容的精准性，往往忽视了研究接受这些知识的人，而这恰恰是教育教学中同样重要的一个环节。可想而知，没有了接受者，再精准的知识也失去了意义，就好比一台高级轿车而没有人会开它，和一堆废铁没有什么区别一样。因此我们在出题中要设计学生的互动性，每节课最好至少设计一道由学生互动来解决的题目，这道题往往是一道突出重点、突破难点的题。

2. 编写注重的方法

（1）演绎法。

演绎法是一种从一般的真命题或一组条件出发，通过逻辑推理编制数学习题的方法。例如基本题：

解方程组：

$$\begin{cases} x+y=7 \\ xy=12 \end{cases}$$

分别以 $\dfrac{1}{x}$、$\dfrac{1}{y}$ 代替 x、y，同时适当调整取值，得出新题：

解方程组：

$$\begin{cases} \dfrac{1}{x} + \dfrac{1}{y} = 5 \\ \dfrac{1}{xy} = 6 \end{cases}$$

（2）类比法。

类比是通过两个或两类事物的某些相同属性，而得出它们在其他属性上也相同的推理。类比在原有题和新的习题之间架设了一座桥梁，从思维、心理学的角度来说，类比是一种学习的迁移。例如：学习勾股定理后进行类比。

勾股定理：直角三角形两直角边 a、b 的平方和，等于斜边 c 的平方。可以编出下列各题：

（1）证明：一个长方体的长、宽、高的平方和，等于其对角线的平方。

（2）有一根 70 厘米的木棒，要放在长、宽、高分别是 50 厘米，40 厘米，30 厘米的木箱中，能放进去吗？

（3）演变法。

演变法是从一道成题出发，将条件中的数量或图形加以改变，使之产生一些具有新质的题目。

例如基本题：

如下页左图所示，已知△ABC 为等腰三角形，AB=AC，AE 是△ABC 的外接圆的直径。AD 是△ABC 的高。求证:（1）AB²=AD·AE;（2）AB·AC=AD·AE。

演变题：如下页右图所示，若点 A 在圆周上移动（异于 B，C 两点），AD 仍然是△ABC 的高，AE 仍然是△ABC 的外接圆的直径，求证：AB·AC=AD·AE。

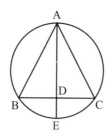 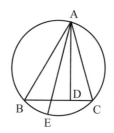

（4）倒推法。

先给出题目的预期结果，由此结果出发，倒推出所需要具备的条件，编出新题。例如：按预定结果$(x+1)(x-1)(x^2+2)$编制一道因式分解题。因为$(x+1)(x-1)(x^2+2)=x^4+x^2-2$，所以可得到题目：

分解因式：x^4+x^2-2。

二、立足课堂，完成好小习题

根据课堂结构，事先编写的小习题可以分几种情况完成，而且必须课内完成。一是每探究完一个知识点就把这个知识点涉及的题目完成，一节课结束，所有习题也就处理结束；二是所有知识点探究结束后，给足够的时间让学生独立完成小习题，学生先做完先交，教师当面给学生订正；三是分小组来完成，根据各小组知识程度的不同，对不同的题目进行划分，题目的类型、深度、广度适合哪个小组完成就划分给哪个小组去完成。

在题目的完成过程中，教师要掌控每一个学生，做到对每一个学生完成习题的情况了如指掌。

三、认真分析，妙评目标的达成度

教师每节课上得怎么样，有没有达到预期目的，实际就是看学生有没有达成本节课的目标，在第二个环节教师可以设计一个表格对每个学生完成习题的情况进行一个详细的记载，表格如下。

姓　名	原有基础	题目难度	完成情况	目标达成情况
王小虎	中等偏上	较　难	好	达　成

（注：原有基础分为好、中等偏上、中等、中等偏下、差，题目难度分为难、较难、适中、较易、易，完成情况分为好、一般、差，目标达成分为达成、基本达成、未达成。）

教师通过对班上全体学生完成自编习题正确与否进行分析，就对本节课全体学生达成目标的情况有一个完整的了解，教师在以后的教学中就可以有的放矢地对学生进行查漏补缺，达到打造高校课堂，真正减轻学生负担的目的。

挖掘习题内涵，提升思维价值

江苏省宝应县实验小学　苗培林

在六年级下学期总复习"空间与图形"这一单元中有这样一道练习题：

> 有两个边长都是6厘米的正方形，在其中一个正方形里面画1个最大的圆，另一个正方形里面画4个相等的尽最大的圆。（如右下图）
>
> （1）圆的半径各是多少厘米？
>
> （2）两个正方形里圆的面积各是多少？各占正方形面积的百分之几？
>
>
>
> （2）如果像这样在正方形里画9个相等的尽量大的圆，这9个圆的面积之和占正方形面积的百分之几？你发现了什么？

笔者在备课时，敏锐地感觉到，要用足用好这道练习题，就不能浅尝辄止，这道习题应该还有更加丰富的内涵。经过精心解读习题、深度挖掘习题内涵，加强对习题资源的开发和利用，对这道习题进行了四个层次的处理，最终提升了这道习题的思维训练价值，强化了其中的思想方法渗透功能，现将这道习题的设计与思考加以整理与同行共享。

一、第一层次及思考

分别出示第一组题目：

1.从一块边长6厘米的正方形铁皮上剪下一个最大的圆，这个圆的面积是多少平方厘米? 这个圆的面积占正方形面积的百分之几?

2. 从一块边长 4 厘米的正方形铁皮上剪下一个最大的圆, 这个圆的面积占正方形面积的百分之几?

3. 从一块边长 10 厘米的正方形铁皮上剪下一个最大的圆, 这个圆的面积占正方形面积的百分之几?

让学生分别计算。

师: 比较这一组题目, 你发现了什么?

生 1: 圆的面积占正方形面积的 78.5%。

生 2: 这句话不完全正确, 应加一个前提, 正方形里画一个最大的圆, 否则就不能成立。

生 3: 我发现了, 在正方形里画一个最大的圆, 圆的面积占正方形面积的 78.5%。

分别出示第二组题目:

只列式不计算:

1.已知正方形的面积是 20 平方厘米, 求圆的面积。

2.已知圆的面积是 28.26 平方厘米, 求正方形的面积。

3.已知正方形的面积是 20 平方厘米, 求涂色部分的面积。

4. 已知正方形的面积是 20 平方厘米，求涂色部分的面积。

5. 已知正方形的面积是 20 平方厘米，求涂色部分的面积。

6. 已知正方形的面积是 20 平方厘米，求涂色部分的面积。

让学生列式并说说理由。

思考：

无论是以前的修订稿课程标准，还是 2011 年新版的课程标准，都突出了"基础知识、基本技能"。笔者设计了三道基本的练习题，意在夯实基础知识，也让学生掌握基本技能。通过对这三道练习题的不完全归纳，让学生发现在正方形里画一个最大的圆，圆的面积占正方形面积的 78.5%。然后通过不同的变式练习，使学生对这知识进行了内化、巩固。

二、第二层次及思考

分别出示第三组题目：

只列式不计算：

1. 已知正方形的面积是 20 平方厘米，求涂色部分的面积。为什么这样列式？

2.已知正方形的面积是 20 平方厘米，求涂色部分的面积。为什么这样列式？

让学生列式并说说理由。

师：从正方形里画 1 个圆，到正方形里画 4 个、9 个完全一样的圆，那么接下来可以正方形里画几个完全一样的圆？

生 1：正方形里可以画 16 个完全一样的圆。

生 2：正方形里可以画 25 个完全一样的圆。

师：为什么呢？

生 3：其实是有规律可循的：1 是 1^2，4 是 2^2，9 是 3^2，所以接下来是 4^2、5^2……

师：圆的面积之和是不是也占正方形面积的 78.5% 呢？

生 4：是的。因为在正方形里画几个完全一样的圆，就可以把正方形平均分成几个小正方形，小圆的面积就占小正方形面积的 78.5%，所以圆的面积之和占大正方形面积的 78.5%。

思考：

课程标准指出：学生的数学学习内容应当是现实的、有意义的、富有挑战性的。我设计了一些探究性的练习，让学生"以积极的心态，调动原有的知识和经验，尝试解决新问题，同化新知识，并积极建构新知识"，这是主动学习的过程，更是一个学习知识创新、方法创新的过程，让学生的创新能力得以培养，让学生的思维得到提升。

三、第三层次及思考

师：同学们，我们刚才做的题目其实是书上第 102 页的第 10 题。

学生看书上那道练习题。

老师和学生一起回顾回刚才做组题的过程。（依次出示下面图形）

师：对你的复习，有什么启发？

生 1：做题目的时候，不能只看表面，要深入思考。

生 2：要会举一反三。

生 3：要把题目做"厚"。

……

思考：

古人云："授人以鱼，只供一餐，授人以渔，终生受益。"这句话告诉我们：教人知识，不如教人学会得到知识的方法。笔者让学生先看书上这道习题，再一起回顾课堂上做组题的过程，通过鲜明的对比让学生强烈地感觉到原来这道习题还可以这样处理。笔者这时提问："对你的复习，有什么启发？"学生会恍然大悟，觉得以后在复习、做练习时也可以这样，实现解题思路的自我发现、自我构建和自我创造，将知识转化成智慧。如果只进行单纯的知识教学，学生的知识会随着时间的流逝而遗忘，方法的掌握、思想的形成，才能使学生受益终生。不管他们将来从事什么职业和工作，数学思想方法——作为一种解决问题的思维策略，都将随时随地有意无意地发挥作用。

四、第四层次及思考

师：如果让你继续往下想，你还会想到什么？

教师可让学生独立思考。如果想不出来，可出示下面一两道题目启发学生思考。

1. 已知长方形的面积是 20 平方厘米，求涂色部分的面积。

2. 已知正方形的面积是 20 平方厘米，求圆的面积。

3. 一个底面是正方形的长方体，高为 10 厘米，底面正方形边长为 5 厘米。如果把它削成最大的圆柱，求圆柱的体积。

思考：

数学习题既有当堂巩固、掌握知识的短期效应，也有发展学生数学能力的长远学习价值。本次练习通过第一、二、三层次的处理，看似结束了，其实也刚刚只是一个开始，拓宽了教学思路；看似偏离了教材原本的要求，但正是这种有意的偏离，才使得这一习题内在的思维价值充分外显，学生的数学思维水平得到了提升。教师在设计习题时，不再是为了解题而解题，而是从完善学生的认知能力出发，从培养学生的思维能力出发，在尊重教材的前提下，有意识地对习题作深度开发，进行拓展延伸，丰富习题内涵，把习题变"厚实"，让学生获得了数学思想方法，提升了数学能力。

进一步思考：

习题的设计，要避免简单的重复劳动，或机械的死记硬背，或枯燥的题海苦练，或呆板的知识仿效，或钻牛角尖的偏题怪题。这样的习题压抑了学生的学习兴趣，僵化了学生的思维，遏制了学生创造力的产生。教师必须牢牢把握练习的目标，挖掘习题内涵，"借题发挥"，提升习题思维价值，促进习题练习的功能最大化，让学生在参与体验数学活动的同时，优化数学思维，感受数学学习带来的喜悦。

培养学生数学思维，优化解题方法

——我的创新作业设计

陕西省彬县紫薇中学　梁长生

培养学生选用最佳解题方法，会收到事半功倍的效果。在一节习题课中，我利用四个综合性强、学生感到难以解答，甚至误入思考、解题歧途的例题来培养学生的数学思维。

一、重视别出心裁，鼓励另辟蹊径

【习题1】已知 $x^2-y^2+mx+5y-6$ 可分解成两个一次因式的积。求 m 的值。

本题的常规解法是"待定系数法"，但我们可以另辟蹊径，给出如下解法：

解：$\because$ $x^2-y^2+mx+5y-6=x^2+mx+5y-6-y^2$ 可分解成两个一次因式之积，

$\therefore$ 可视其为关于 x 的二次三项式，用求根法讨论如下：

设 $x^2+mx+5y-6-y^2=0$

$\because$ $\triangle =m^2-4（5y-6-y^2）$ 为一完全平方式，

$\therefore$ $\triangle =4y^2-20y+24+m^2$

$\triangle =（2y）^2-20y+24+m^2$ 中

$20=2\times2\sqrt{24+m^2}$，即 $\sqrt{24+m^2}=5$，

$\therefore$ $m^2=1$ 即 $m=\pm1$

点拨：习题1的解答，如果应用常规解题方法去解答会使解题过程复杂

化，并且也不容易在有限的时间内解出题目。若能深刻理解题目本质与答案之间存在的内在联系，我们就可以跳出常规解题方法的圈子，另辟蹊径，使解题过程避开了普通的、常规的，甚至繁琐的解题套路，使问题迎刃而解。

二、鼓励妙思构想，寻找解题佳法

【习题2】已知实数 x，y 满足 $(x^2+y^2)(x^2-1+y^2)=12$，则 x^2+y^2 的值是多少？

此题依题设可以求出结果，但解法复杂。我们可以动脑一想，决定"引入参数"解答。

解：设 $x^2+y^2=k$，$k>0$，则原方程变形为

$k(k-1)=12$

$\therefore k^2-k-12=0$

$(k-4)(k+3)=0$

$\therefore k_1=4$，$k_2=-3$（舍去）

即 $x^2+y^2=4$

点拨：习题2的解答，同样是在明确所求结果（x^2+y^2 的值）导引下，不走常规解题之路，不必老老实实地求出 x 和 y 的值后再计算 x^2+y^2 的值。我们是把所求结果定型为 k，引入这个参数，使原题化繁为简，变成 $k(k-1)=12$，并快捷地求出了 $x^2+y^2=k$ 的值。

三、克服思维定势，寻找解题契机

【习题3】求方程 $x=\sqrt{1+\sqrt{1+\sqrt{1+x}}}$ 的实数解。

此题一般考虑两边平方去掉根号变成高次方程来解答，但我们克服思维定势，利用引入参数加讨论法解答。

解：设 $1+x=y_1{}^2$，$1+y_1=y_2{}^2$，$1+y_2=y_3{}^2$，y_1、y_2、y_3 均为正整数。

∴原方程为 $x=y_3$

若 $x>y_1$，则 $1+x>1+y_1$，即有 $y_1{}^2>y_2{}^2$

∵ y_1，y_2 为正整数

∴ $y_1>y_2$，递推下去有 $y_2>y_3$

∴ $x>y_3$ 与 $x=y_3$ 矛盾

同理 $x<y_1$ 不存在

∴必有 $x=y_1$，由设式知原方程同解于 $1+x=x^2$ （$x>0$）

∴ $x=\dfrac{\sqrt{5}+1}{2}$ 。

点拨：习题 3 若应用常规解法——化去根号变成高次方程，就使问题复杂化了。但不少同学往往就会走这条"常规路"，使问题难以解决。而我们改变了思维定势，用引入参数化简原方程为 $x=y_3$，这就走出了第一步。而走第二步也不易。我们要去用讨论加排除的方法，边判断边深入，最终走向答案。这真是数学解题中的"山重水复疑无路，柳暗花明又一村"。

【习题 4】解方程组 $\begin{cases}\sqrt{\dfrac{x}{y}}-\sqrt{\dfrac{y}{x}}=\dfrac{3}{2}（1）\\ x+y+xy=9（2）\end{cases}$

此题常规解法是先化根式方程为整式方程再解之，可我们发现 $\sqrt{\dfrac{x}{y}}$ 与 $\sqrt{\dfrac{y}{x}}$ 互为倒数，且方程组是关于 x、y 的对称方程组，便有以下妙解。

解：令 $\sqrt{\dfrac{x}{y}}=k$ （$k>0$）

方程（1）变为 $k-\dfrac{1}{k}=\dfrac{3}{2}$

$2k^2-3k-2=0$

$(2k+1)(k-2)=0$

∴ $k_1=-\dfrac{1}{2}$，$k_2=2$

∴ $\sqrt{\dfrac{x}{y}}=2$ ，$x=4y$ （3）

把 $x=4y$ 代入（2），得 $4y+y+4y^2=9$

解之得 $y_1=-\dfrac{9}{4}$，$y_2=1$

把 $y_1=-\dfrac{9}{4}$，$y_2=1$ 分别代入（3）得

$x_1=-9$，$x_2=4$

所以，得

$$\begin{cases} x_1=-9 \\ y_1=-\dfrac{9}{4} \end{cases} \qquad \begin{cases} x_2=4 \\ y_2=1 \end{cases}$$

经检验，上述两组解都是原方程组的解。

点拨：习题 4 的解答，通过细心审题，认真思考得出，题目是一个关于 x 和 y 的对称方程组。同样要丢掉思维定势，不走常规路，引入参数 k，化繁为简，很快使问题得到解决。

总之，在培养学生优化解题方法中，我们必须做到，细心审题，弄清题目本质，不走"常规路"，寻找捷径，别出心裁，另辟蹊径，跳出思维定势的怪圈，全面思考，下手准确，解答艺术，游刃有余，快速得出结论。

数学创新作业设计之我见

江苏省吴江市庙港实验小学　倪　晶

数学课程标准指出，通过数学学习，要让学生具有初步的创新精神和实践能力，强调数学要在提高人的想象力、创造力等方面具有独特的作用。如果说创造型课堂是培养学生创新精神的主阵地，那么创新型作业设计对学生的创造能力、创新精神的培养，必将有着大大的推动作用。作业设计时，我们应从学生的年龄特征和生活经验出发，设计适合他们的数学作业，以激发学生的学习兴趣，使学生成为学习的热情者和主动者。

我在数学教学中，主要设计以下几种创新作业。

一、我是小小设计师——制订"装修"方案

数学来源于生活，又服务于生活，它具有很强的实践运用性质。而数学创作又可以拓展学生想象、联想的空间，增强和丰富他们的想象力。因此，在学习"长方形和正方形的周长与面积"后，我结合学生实际，推出了"我是小小设计师"的活动：

如果要在我们教室铺上地砖（提供几种型号及价格），你能设计一个装修方案吗？我们可以从以下两个方面来考虑：

1. 量出教室的长和宽分别是多少米，算出教室的面积是多少。

2. 根据实际情况选择地砖的型号，算出所需材料的量和总的钱数。

新颖的作业题，激发了学生学习的兴趣，使学生更能主动学习、积极探索，有利于培养学生的思维能力和创造力，有利于学生的发展。同时，学生能深刻体会到数学与生活的密切联系，增强数学应用意识。

二、我们都能行——完成分层作业

数学课程标准指出，要使人人学有价值的数学，不同的人在数学上得到不同的发展。学生是有个体差异的，所以我们要根据学生身心发展特点，设计具有不同的解决方式和结果的作业题，以满足不同层次学生的需要，要让每一位学生都体验到成功的喜悦。比如：

同学们去春游，汽车的票价是：成人每人 40 元，儿童每人 25 元，10人团体票 200 元。我们班有 45 名同学，如果都去春游，请你针对以下几种情况至少选择一种购票方式。你能想一想怎样买比较省钱吗？

人　　数	买票方式		
45 名学生	团体票 （　）张	成人票 （　）张	学生票 （　）张
45 名学生 2 名老师	团体票 （　）张	成人票 （　）张	学生票 （　）张
45 名学生 5 名老师	团体票 （　）张	成人票 （　）张	学生票 （　）张

这道练习题中，第一个要求是针对大多数学生提出的，要求每个学生至少选择一种购票方式，学生经过思考都能够完成；而第二个要求是对学有余力的学生提出的。这样做，可以让学生挑选适合于自己的问题，满足各层次学生的学习需要，让每个学生都能摘到努力的果实，获得成功的体验，让每位学生感到"我能行，我可以！"

三、大家一起来——绘制"知识树"

数学知识具有严密的特性，不管是纵向还是横向，知识与知识之间都有着密切的联系；数学知识也不能只是单纯地依赖记忆或模仿。所以，要学好数学，最重要的是要理解，要对所学知识的前因后果、整体布局有一定的认识。于是，教师便会绘制一张知识的脉络图展示给学生，以便学生记忆。但是，在教学"数的整除"这部分内容之后，我并不是直接给学生看老师绘制的"知识树"，而是给学生布置一次作业，让学生自己去整理内容，理清思路，绘制成型。

结果显示，虽然有学生漏掉了一两个知识点，但是整体来说相当不错，而且有几位学生绘制得十分精妙，知识掌握效果出奇的好。

看来，创新作业并不要求是那些奇形怪状的题目，也不一定要你挖空心思去想。有时候，一些常见的题目只要做一下改动就行；有时候，你的放手就是一次富有创新的作业，能起意想不到的效果……

"习"已尽而意无穷

江苏省吴江市庙港实验小学　盛伟华

数学练习能使学生对数学知识加深理解，达到巩固知识，形成技能技巧，培养学生的逻辑思维能力，提高学习效率之目的，因此在小学数学教学中占有重要地位。但切不可盲目地机械、重复练习，教师应根据教材内容，围绕教学目标，把握好练习的度和量，精心设计练习的内容和形式，特别是在数学知识的延展性上下功夫，使学生感到做有所得，甚至感到"练习已尽而意无穷"，做后可以反复咀嚼玩味，体现多样性、层次性、趣味性和思考性等特点。

一、练习实例

在教学国标本苏教版第八册数学"三角形的内角和"后，我布置了一道数学延展题，即能否利用今天所学知识，探索四边形、六边形的内角和分别是多少度。

在第二天我当堂面批作业时，学生可谓创意无限。

四边形内角和：

将四边形分成两个三角形，然后再将两个三角形内角和相加。

六边形内角和：

方法一，将六边形分成四个三角形，然后再将四个三角形内角和相加。

方法二，将六边形分成一个四边形和两个三角形，然后分别将一个四边形和两个三角形的内角和相加。

方法三，将六边形分成两个四边形，然后分别将两个四边形的内角和相加。

方法四，将六边形选取一个中心，然后分成六个三角形，接着用六个三角形的内角和减去中间一个周角。

二、练后反思

"跳一跳，够得着。"一道好的题目能够激起学生的学习兴趣，促其思维、掘其潜能，使之乐学，回味无穷。因此，在课堂练习中，让学生综合运用已学的知识，解决带有一定思考力度的题目，一来满足学有余力的学生的求知欲望；二来激发探索精神，使学生带着新的疑问尝试数学练习，让他们跳起来能摘到"果子"，获得成功感。通过这样的练习，学生在课后乃至回家后还能留有一定的数学思维空间，从而引领学生走向更为广泛的课外时空，学以致用，获得亲身经历、体验、思索、感受和领悟，充分发挥数学学习的主动性与创造性，使其对数学知识能够融会贯通，也为以后的数学学习做好孕伏。这样，既拓宽了学生思路，提高了课堂教学效率，又弥补了数学课堂教学的时空局限，充实了数学学习的内涵，培养了学生良好的数学思维品质。

常常以为，要让学生乐学数学、善学数学，得先让数学思考如空气般弥漫于学生的周围，使学生能时时刻刻保持那份敏锐的数学思维，于不断的摸索、探寻中接受数学的浸润与熏陶。

让家庭作业"活"起来

山东省广饶县花官镇中心小学　高兆华

小学数学课程标准中指出，教师应充分利用学生已有的生活经验，随时引导学生把所学的数学知识应用到生活中去，解决身边的数学问题，并尝试从日常生活中发现数学问题，了解数学在现实生活中的作用，体会学习数学的重要性。基于这一理念，我在教学中特别注重对学生家庭作业进行改革与创新，突出作业的实践性与开放性，有效地提升了学生做作业的积极性。

例如在五年级下册学完了容积单位升（1）和毫升（ml）以后，我改变以往为学生布置大量的单位换算题目的一贯做法，而是鼓励学生回家以后到生活中去搜集各种标有容积的生活用品，并提出自己的感想或发现。

由于是自己去搜集，自己去发现，孩子们兴趣盎然，作业成果也非常丰富。以下是一位同学的作业情况：

我的调查：

一瓶花生油：净含量 5l；

一瓶啤酒：净含量 470ml；

一包鲜奶：净含量 220 ml；

一瓶矿泉水：净含量 500 ml；

一大盒汇源果汁：净含量 1l。

我的发现：

1. 这些物品上都标有"净含量"这个词，我通过询问妈妈了解到，"净含量"就是容器内装的物体的体积，不包含外面的包装体积。

2. 我发现凡是盛液体的容器，上面都标有容器的容积是多少。

3. 我发现平时一些比较小的容器，如酸奶瓶、饮料瓶、酒瓶等都是用"毫升"做单位的；而一些较大的容器如油桶、纯净水桶等，都是用"升"做单位的。

当然，把作业的自主权交到学生手里，并不意味着我们就可以一说了之，任其发展。要想既能彰显作业的实践性与开放性，又能提升作业的趣味性与实效性，我们必须做好大量的前期准备工作。

一是搞好家校沟通工作。很多实践性的作业，必须有家长的大力支持与帮助才能实现的。在布置作业之前，我们必须把教师的作业设想、对孩子的能力发展目标、需要家长协助的事项等事先向学生家长作一些必要的解释说明，这样不但使家长的教育工作更有主动性和针对性，同时也提高了作业的质量和效率，为家庭作业转型、作业改革打下良好的沟通基础。

二是做好方法指导工作。如果我们布置给孩子的作业需要做大量的搜集、调查、整理工作，那么给予孩子必要的方法指导就很必要。如上面提到的要求学生"到生活中去搜集各种标有容积的生活用品"，我们就告诉学生，到哪里搜集，如家里的厨房、外面的商店，也可以到网络上搜集；对搜集来的信息要做好记录，并分类整理，通过比较，或者是询问家人，得出一些有价值的结论。

三是做好总结反馈工作。实践性的作业虽然有利于提升学生的学习兴趣，锻炼学生的各种能力，但是对于教师来说却是难批阅，难评价。因此，教师必须认真对待孩子的每一份作业，通过成果展示、专题讨论等形式，使学生获得成功的体验。同时要注意及时发现作业中暴露出来的问题与不足，并及时反馈给学生以及家长，以利于作业方式的不断改进。

以上是自己工作实践中的一点体会，请各位同仁指正。

数学日记拉力赛：提升学生数学素养的利器

江苏省苏州工业园区莲花学校　缪建平

数学日记是新理念下的一种新型数学作业，为数学教育教学改革注入一股新鲜血液，提供了一条崭新的思路。

数学日记是课堂教学的延伸，即让学生通过多种途径（如调查访问、上网、查阅书籍），了解一些与所学知识相关的内容，并根据自己的理解以数学日记的形式表现出来，这样不仅可以拓宽学生的数学视野，而且能发展学生的实际应用能力。因为它不像一般数学作业那样只是做几道题就算完事，而是让学生主动亲身经历数学学习过程，因此有利于提高学生的实践能力，培养学生的创新意识，让学生养成良好的数学素养。

但在目前，如何利用好它为我们数学教学服务，许多教师还是感到无从下手。通过探索，我想到一招，那就是"数学日记拉力赛"。具体做法如下。

一、设计"数学日记拉力赛"簿册

"数学日记拉力赛"簿册是专为班级学生撰写数学日记而设计的，不是采用"一刀切"的方式要求每个学生都要写数学日记（因为不是每个学生每天都有好的日记素材值得去写），而是用一本簿册，每天安排一人去写一页，让每个学生都有尝试的机会。因此，富有吸引力的簿册设计尤为重要。

封面上印有这样的字样：我学习，我探究，我总结，我写作，我快乐！

封二是"参与者必看"，具体有下面几条：

1.参与者可指定，也可自己报名。这是既为班级争光，又为自己争光的事，你不想尝试一下？

2. 两个班同学轮流进行，轮番上阵，看谁写得精彩！（注：我教两个班的数学）

3. 要想写好，必须在平常就作好准备，而不是等到拿到《日记拉力赛》手册时才开始着手，要打有准备之仗哟！

4. 每个参与者要对上一篇日记进行评价，并写好下一篇日记，然后在日记末尾注明愿意接受谁的挑战。

5. 日记大体可以写下面的内容（每篇日记都要想一个标题）。

• 知识总结型：对所学的某一单元或某一阶段的知识进行系统的总结，如"'小数的认识'知识总结"；

• 方法技巧型：对解题的方法进行小结与归类，如"怎样用假设法解题"；

• 生活探究型：对生活中的数学问题进行探究，如"小区中平均几户拥有一辆小汽车"；

• 倾吐心声型：说说心里话，对老师说，对同学说，对家长说，对数学家说都可，如"我想对张××同学说……"。

（当然，你还可以有其他的类型，你自己看着办吧！！！）

6. 优秀日记可以得到作业优惠券（写得好的学生可以少做一般性的练习作业或全免作业）或纪念品，并由老师推荐到《小学生数学报》《小学生周报》《数学小灵通》《小学生必读》等报刊上发表呢！

还不赶快行动！Let's go！

簿册的主体部分（如下表的日记样张）全是用不同的颜色的纸张装订而成的，它代表不同的探究等级（红色纸代表难度最大，粉色纸次之，黄色再次，绿色最低），是活页形式的，学生可以认定自己的等级，以此来激励他们的探究欲望和热情，鼓励他们的持续探究力。

标　题				等　级
姓　名		日　期	月　　日	

主要内容	

你想接受（　　　　　　　　　　）的挑战？（写上他或她的名字吧！）

评　语	评价者一：
	评价者二：

（注：想接受谁的挑战，就把数学日记簿册交给谁。这里的"评价者一"是下一个挑战者，"评价者二"可以是家长或老师。）

二、引导学生进行数学日记的写作与点评

日记白天放在班级里，晚上由一个"挑战者"带回去写，写的同学可以

少做或免做其他作业，所以学生还是比较积极的。要写的学生不止一个时，我就配上几本。

这样的作业，给老师每天的作业批改增添了无穷的情趣。而且，每天不需批改很多，却是不同学生的个性作业的展现，教师一点不也觉得枯燥无味。

苏联教育家苏霍姆林斯基在《给教师的一百条建议》一书中说过："人的心灵深处，都有一种根深蒂固的需要，这就是希望感到自己是一个发现者、研究者、探索者。"所以小学数学教学要密切联系学生的生活实际，充分发挥数学模型的桥梁作用，引导学生"构建"与众不同的知识结构。

在引导学生探究、建模与日记写作的过程中，要特别重视培养学生的"个体首创性"，即针对一个特定的个体来说，虽然一些知识、模型别人已经提出过，但对他本人来说，却是新颖的、第一次发现的。

例如，水龙头滴水是一种常见的现象，但是不同个体的原有知识经验不同，看到的数学问题也不同，生成建构的新数学经验当然也不一样了。男生与女生在问题探究与日记写作竞赛中也会有不同的体验与发现——

A. 女孩子版：一年滴了多少滴水

一个周末，我洗完毛巾正拿出去晒时，发现毛巾不停地滴着水。我想：反正也没事干，不如来算算 1 分钟滴多少滴水吧。我拿来秒表开始计时。我一边看时间，一边数了起来，1、2、3……41、42、43！啊，1 分钟滴了 43 滴水。

于是，我想：1 分钟滴了 43 滴水，那么一个小时呢？ 1 小时 =60 分，60×43=2580（滴）。

一天呢？就是 2580×24=61920（滴）。

一个月、一年呢？以下的计算，因为数字太大，我只能用计算器来进行了。每个月以 30 天计，一个月滴了 61920×30=1857600（滴），一年就滴了 1857600×12=22291200（滴）呢。

一年滴了这么多滴！长年累月，该有多少滴啊！

从此，我对"滴水穿石"有了更深刻的理解！

B. 男孩子版：一滴水的滴速是多少

今天，我又想出一个新的研究主题，就是想测量并计算出一滴水的滴速是多少。但是直到我测量水池的深度的时候，我才发现水滴并不很好"制成"——要么成为水流，要么什么都不滴。我试了好多次，总算成功了。

我又发现，用普通的表根本测不精确。于是，这次我采用了爸爸手机上的秒表来进行。

经过测量，水滴从水龙头上滴到水池底部共需 0.75 秒，水池的深度是 30 厘米。根据这些条件，可以计算了一滴水的滴速是 30÷0.75=40（厘米/秒）

怎么样？你也来试试，看看结果是不是差不多。

这样的探究活动，不仅发掘了学生个体的首创性，而且培养了他们各自运用数学运算知识、独特生活经验"生成－建构"数学模型的能力。

反思：

经过一段时间的这样的尝试后，老师会变得越发轻松，而学生的热情却越发高涨。每当我们的学生阅读到一篇又一篇优秀的数学日记时，他们兴奋不已，奔走相告，我也不失时机地在班级里推荐、展读与评点优秀的数学日记，孩子们非常喜欢这样的数学展读课。于是，我把数学课演变成学生彰显个性、展示自我的数学互动式学习平台。学生们爱屋及乌，把对数学日记的爱迁移到数学这一门课上来。通过对数学日记的展读，学生们开始佩服一些优秀日记的作者，不知不觉地模仿着，培养了兴趣和信心，为数学课堂注入了新的活力。再后来，许多学生的数学日记真的发表于《小学生数学报》《数学小灵通》《小学生必读》等国内报刊上了！学生的学习方式正在悄悄地发生变化，他们的学习自信心更强了，觉得"我是小小数学家！""我也能搞研究！"

数学日记为师生交流提供了一方热土。下一步要做的是：根据学生的学习心理与数学现实起点，引导学生进行不同的"话题"探究，真正把每一个学生当作一种课程资源，将数学教育课程改革深入到本质层面，为学生在数学方面的可持续发展打下坚实的基础。

有趣且富有挑战的探索作业

江苏省邳州市八义集镇中心小学　翟运胜

在小学数学教学中，布置模仿性质的巩固型作业和整理型作业是促进学生双基发展的必要手段，但为了培养学生的创新意识与实践能力，提高综合素质，教师应根据教学内容、学生的生活经验与认知水平，设计一些有趣的、富有挑战的、需要摸索一番才能完成的探索型作业，使学生身处于"处处是创造之地，天天是创造之时，人人是创造之人"的情境中。

1. 观察型作业

观察是思维的开始，一个具有观察意识与观察能力的人能够敏锐地发现事物的规律与本质，在数学教学中，教师应当有意识地布置一些观察型作业。

例如学习"圆锥与圆柱"这一单元，可以布置这样的作业：

收集一些圆锥与圆柱形的物体，观察它们，你们有什么发现？

对于这部分内容，学生自己完全可以观察出这两者的不同与相同，布置这样的作业，可以促使学生提前区别开圆柱与圆锥的不同，学生再通过课堂学习加以印证，可以大大地提高课堂学习效率。再例如学习"轴对称图形"时，可以布置这样的作业：

观察蜻蜓、长方形、正方形等，你有什么收获？我们周围还有没有类似的事物？

2. 日记型作业

数学日记是培养学生数学意识的较好方式与途径，可以帮助学生用

"数学的眼睛"看待生活，发现生活中的数学问题。但在实际应用中应当谨慎布置，防止增加学生的作业负担，带来负面效应。这种作业不可强求，应当以倡导、激励为主，我们可以经常问学生：你在生活中有什么发现？今天你学到的数学知识在现实生活中如何应用？通过这种方式引导有兴趣的学生去做。例如在学习"用字母表示数"后，这样布置作业：

　　字母是一个符号，它简明易记，在生活中应用很广泛，请同学们睁大发现的眼睛，以字母为主题写一篇数学日记。

学生们上交的数学日记是丰富多彩的，有的写厕所标志，有的写停车标志，有的写车牌号，有的写图书分类索引，有的写扑克牌，有的写名牌服饰的标志……

3. 调查型作业

这类作业是培养学生数学意识的有效途径，布置这类作业重要的不是调查统计结果的精确性，而是要学生经历这一过程，在调查过程中逐渐具有数学的眼光。

一次，在教学"百分数的意义"后，我让学生从语文课本中找出与百分数有关的成语或名句等。这个调查作业让学生兴致盎然，他们找到了：百发百中、百里挑一、十拿九稳、天才就是百分之九十九的汗水加百分之一的灵感等。通过这种方式可以将数学学习与儿童的家庭生活、社会生活以及其他各科的学习活动整合起来，促进学生综合能力的提高。

4. 问题型作业

作业并不是仅仅要解决别人提出的问题，重要的是自己提出问题。教师可以把提问题作为一项作业布置给学生。学生提出的问题不应是肤浅的"老师，这题我不懂"，而应结合具体的教学素材提出为什么会这样，为什么不是那样。教师应当鼓励学生不断提出有价值的问题。有了问题，才说明学生有了真正的思考。

5. 实验型作业

实验型作业是激发学生学习兴趣的较好选择，尤其是对于中上等水平学生，可以激发其探究欲望。

在学习"圆柱体的体积计算"后，我布置了如下作业：

准备一个圆柱体茶杯，测量相关数据，做以下几件事情：

1. 它放在桌面上占多大的地方？

2. 如果把它放倒，滚动两圈，压过了多少平方厘米的桌面？

3. 如果盛满水，水的体积是多少？

4. 你能用这个茶杯，测量计算出一个小石子的体积吗？

四个问题把底面积、侧面积、容积与求不规则物体的体积等知识连成串，既巩固了新知，又培养了学生动手操作、实验研究的能力。

6. 专题型作业

专题型作业是指围绕一个主题设计的系列作业。它是一个时间周期相对比较长的作业，强调对知识的综合运用，注重学习经验的累积，着重培养学生的创造性思维能力，发展学生积极的数学情感，让学生在广阔的空间里学习数学、应用数学，发展多元智能。

例如在学习了圆的周长计算以后，我给学生布置了这样一个系列专题作业：

1. 怎样求转动小球形成的圆的周长？

2. 你能求出一棵大树的横截面直径吗？

3. 关于圆周率的研究你还知道哪些？

4. 现实生活中哪些地方运用到了圆的周长计算？

要求学生在两周内，持续思考这些问题，最后形成一篇数学小论文。

7. 应用型作业

这类作业需要学生利用所学的知识主动地解决现实生活中的问题，在应用过程中，培养了应用意识，提高了智能，学生的书本所学会与现实生活发生碰撞，他们会主动验证所学。例如针对我们学校附近有两家木材加工厂，在学习"圆柱体的体积计算"后，我布置了这样一个作业：

在木材加工厂堆放木料的地方，测量相关数据，然后向加工厂的工人了解每立方米木料的价格，大致估算出这根木料的价格，然后与工人叔叔交流，验证所得出的结果是否符合实际。

事实证明这个作业让学生很感兴趣，兴趣大增，当他们发现自己所算的价格与实际价格相差不大时，心里别提有多高兴了，学以致用让学生兴趣倍增。

8. 探究型作业

根据学生的数学活动经验与学力水平，设计一些以学生主动探索、实验、思考与合作为主的探究型作业，可以有效地开发学生的智能，促进学生创新意识的萌发。在探究的过程中，学有余力的学生取得的发展最大。例如：

【习题1】（1）观察下图，完成表格。

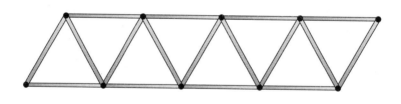

三角形个数	1	2	3	4	…
小棒根数	3	5	7		…

（2）观察上表，如果用 a 表示三角形的个数，用 c 表示小棒根数，请你用含有字母的关系式表示三角形的个数与小棒根数之间的关系。
c=_____

（3）像上面，摆成15个三角形，需要（　　）根小棒。

【习题2】1张长方形纸,第一次把这个长方形纸剪开成5个长方形,第二次在5个长方形中任取1个,也剪成5个。第三次任取其中的1个,也剪成5个。

(1)把剪得的结果填写在下表中:

剪的次数	最　初	第1次	第2次	第3次
共有长方形的个数	1			

(2)照这样剪8次,一共可以得到多少个长方形?

(3)要有81个长方形,需要剪多少次?

在实际教学中,这些作业类型也不是截然分开的,而是彼此联系的,教师应根据学生的学习基础与学力水平灵活地选择不同的探索类型作业。

你喜欢，我选择

——浅谈小学数学作业设计十例

浙江省慈溪市掌起镇中心小学　厉南洋

作业的设计是教学的组成部分，它既是教师教学活动的一个重要环节，又是学生学习活动的重要组成部分。它不仅是课堂教学的巩固和延伸，而且是课堂教学的升华。长期以来，作业形式单一，内容封闭、僵化，忽视学生的情感、态度和价值观。这样的作业很难激发学生学习的积极性。只有教师正确理解作业的价值，更新教育观念，加强作业改革，才能实现真正的"人本回归"。因此，设计形式多样，内容现实有效，富有探索与思考价值的作业，才是学生自己的作业。下面是我在小学数学作业设计探索中的十例典型范例，仅供大家参考。

1. 创造性作业

如学习"长度单位米、分米、厘米、毫米"之后，设计填空或改错形式的短文。

> 2006 年 4 月 24 日　星期一　天气：晴
>
> 　今天早晨，我从 2 分米的床上爬起，来到卫生间，拿起 15 毫米长的牙刷刷完牙后，急急忙忙地吃完早饭上学去了。走进教室赶紧从书包里拿出 1 毫米长的钢笔和 4 米厚的笔记本，认真做起笔记。（要求学生对不恰当的地方进行改正）

这类作业创造性地改变了原有的数学作业形式。设计新颖的、贴近学生生活的作业类型，让枯燥乏味的数学知识学习变得新鲜、有趣，使学生乐于学习。

2. 针对性作业

如教学"能化成有限小数的分数特征"后,设计作业:

要使 $\dfrac{a}{12}$ 能化成有限小数,那么 a 可能等于几?

这类作业,使得课堂教学中重、难点随着学生的深入思考都迎刃而解。这类作业应精心设计,紧抓课堂教学中的重、难点,做到有的放矢。

3. 趣味性作业

如教学"认识物体"后,让学生做一个认识物体的游戏:

把一个同学的眼睛蒙起来,让他用手摸桌上的东西,说出是什么东西,并讲讲是根据什么性质辨认出来的。

这类作业,"得法于课内,得益于课外",使得学生非常主动地去完成。一般游戏类作业、故事类作业都属于趣味性作业。

4. 阶梯性作业

如学习了"长方体的表面积"之后,设计了 A、B、C 三个层次的作业:

A:测量你的房间或大厅的长、宽、高,并计算它的表面积;

B:在上题基础上,如果墙壁的四周和天花板需要粉刷,求要粉刷的面积;

C:求房间的实际粉刷面积(应除去门、窗的面积)。

这类按照循序渐进、由浅入深的思路做的作业设计,可以保证不同层次的学生在不同的目标下练有所得,树立"我能行"的信心。

5. 实践性作业

如六年级学习"正比例应用题"后,设计作业:

用正比例的方法去测量电线杆或自己家房子的高度。

这类作业把学生原来"被动吸取记忆、反复练习、强化储存"的学习过程，转化成积极内化新知，同时还促进学生多种能力协同发展（包括资料搜集、小组交流合作、汇报、集体评价）。

6. 灵活性作业

如教学低年级的"整数加减法"、中段的"小数加减法"时，设计作业：

香皂 5 元、毛巾 8 元、梳子 2 元、茶杯 4 元，根据以上条件你可以提出哪些问题？并列式解答。

这类作业让学生通过观察，自己收集信息，提出问题并解答，在避免题海大战的同时，让学生体验成功的喜悦。

7. 对比性作业

如在六年级上册应用题复习教学时，设计作业：

国美电器商场三月份营业额 120 万元，是四月份的 $\frac{5}{6}$，四月份营业额多少万元？

国美电器商场三月份营业额 120 万元，四月份是三月份的 $\frac{5}{6}$，四月份营业额多少万元？

国美电器商场三月份营业额 120 万元，比四月份少 20%，四月份营业额多少万元？

国美电器商场三月份营业额 120 万元，比四月份多 20%，四月份营业额多少万元？

国美电器商场三月份营业额 120 万元，四月份比三月份少 20%，四月份营业额多少万元？

国美电器商场三月份营业额 120 万元，四月份比三月份多 20%，四月份营业额多少万元？

这类作业，使学生通过比较、概括、辨别各类应用题的结构特征，加深对数量之间的关系的认识，有利于学生构建良好的知识结构。

8. 实际性作业

如复习"圆的面积"时，设计：

一块长 7 厘米，宽 5 厘米的长方形铁片，最多可以剪出几个直径是 2 厘米的圆形铁片？

可能一部分学生的解题思路是：$7 \times 5 \div \left[3.14 \times \left(\dfrac{2}{2} \right)^2 \right] \approx 11.1$（个），可以剪出 11 个圆形铁片（理论上的答案）。

另一部分学生的解题思路是：根据长 7 厘米，每排可以剪 3 个，根据宽 5 厘米，可以剪 2 排，$3 \times 2 = 6$（个），可以剪出 6 个圆形铁片（想象中的答案）。

个别学生动手操作之后可以剪 7 个。根据实际生活剪出 7 个是非常正确的。

这类作业设计，可以避免学生僵化运用数学知识，摆脱主观上和理论上的约束，让数学知识真正服务于生活实际。

9. 探究性作业

如教学"异分母分数加减法"后，设计：

$$\dfrac{1}{2} + \dfrac{1}{3} = \qquad \dfrac{1}{4} + \dfrac{1}{5} = \qquad \dfrac{1}{4} + \dfrac{1}{9} = \qquad \dfrac{1}{5} + \dfrac{1}{8} = \qquad \cdots$$

从以上各题中，你发现它们的加数有什么共同特点？和呢？根据这些特点，你能从中猜想出它们的规律吗？请举例加以验证。

这类作业要求教师尽量让学生通过观察、分析、比较进行猜想，从而发现规律、验证规律、应用规律，鼓励学生从具体例子中发现具有普遍意义的规律，使课堂知识得以深化。

10. 综合性作业

如六年级学习"比例尺"之后，设计：

教师出示一张厨房平面图，以及一些物品——冰箱、煤气灶等的实际规格，让学生来审计这幅平面图；你认为它画得规范吗？你有什么想法，为什么？要求用合适的比例尺将效果图画在设计纸上，并附上设计所需的数据和计算过程。

对于这类作业，教师要提供机会，引导学生将书本上的知识、技能应用到实际工作中去，在解决问题的同时构建系统的、综合的知识体系。

作业新模式：以学习者为中心

浙江省天台县赤城街道第四小学　王阳丽

"以人为本，以学生的发展为本"是新课程改革的核心理念之一。随着课改的不断深入，"生本课堂"逐渐发挥出其内在的优势，为广大教师所认同。而小学数学课外作业作为课堂教学的补充和延续，它不仅是反馈、调控教学过程的实践活动，更是在教师的指导下由学生独立应用和亲自体验知识、技能的教育过程。因此，在"生本"教育理念下，我们的课堂教学要追求"生本"，我们的数学课外作业同样要走向"生本"。具体体现为：尊重学生的选择，学生自主选择难易不同的作业，选择作业数量，选择完成时间；作业选材从以课本为中心向以学生为中心转移，设计的题目考虑学生是否需要、学生能否能完成、学生是否乐意等因素；学生参与设计作业，由教师独立设计向学生或家长共同参与设计转变；作业分层设计，体现层次性，满足学生的差异性需求。那如何有效地体现"生本"，如何有效地构建"以学习者为中心"的小学数学课外作业新模式呢？下面我就谈谈自己平时的一些点滴做法。

一、超市型作业，激励学生在"选"中做

传统的作业可以说是"三统一"：统一布置，统一标准，统一要求。学生没有自主选择权，造成了优生"吃不饱"，中等生"吃不好"，后进生"吃不了"的局面，这严重影响了学生学习的兴趣、积极性和主动性，从而导致学生出现厌学、厌作业等现象。针对这一现象，我在教学中有了新的思考。我们布置作业能否像上超市买东西一样，给学生自主权呢？因为每位学生在知识、经验、能力、性格、习惯、兴趣等方面都存在着个体差异，这些差异在课外学习中更应得到更为有效的关注与尊重。作为教师，要在尊重学生个

性发展的前提下，根据学生的差异，设计多梯级、多层次的超市型作业，满足不同学生的需要。学生在作业超市中，真正做学习的主人，且拥有自主权。他们可以根据自己的兴趣爱好，根据自己的需要和能力自主选择。在作业超市里，学生可以选择多做一些，也可以选择少做一些。

在超市型作业的设计中，我们要将作业设计成 A、B、C 三等。A 等最易，属于课堂知识的基本类型，要求每个学生必须掌握；B 等题目要适合班上大部分学生；C 等是开拓思维的提高题，具有较强的灵活性，这类题可以让班上的尖子生尝试去做一做，其他学生则不要求。这样做可以让学生的数学能力得到稳步的提高。

例如在解决购票问题时，我设计了这样一道超市型作业：

老师要带同学们去植物园游玩，票价情况如下：成人 10 元 / 人，学生 5 元 / 人，团体（10 人以上）6 元 / 人。

请你从表格中的几种情况里，至少选择一种设计出购票方案，想一想怎样买票比较省钱？

人　数	买票方式（列式计算）		
	团体票	成人票	学生票
50 名学生	（　）张	（　）张	（　）张
	团体票	成人票	学生票
50 名学生 10 名教师	（　）张	（　）张	（　）张
	团体票	成人票	学生票
50 名学生 3 名教师	（　）张	（　）张	（　）张

第一种是要求每个学生都会的，第二种是要求大多数学生会的，而第三种是针对学有余力的学生的，不强求一致，让学生根据自己的实际情况进

行选择。

　　实践表明，构建超市型作业模式能有效地激励学生在"自选"中做，提高其做作业的积极性，也让不同层次的学生各有发展，促进学生个性的发展，真正体现了以学习者为中心的理念。

二、自编型作业，引导学生在"创"中做

　　新课程要求教学中要充分发挥学生学习的主动性，因此可以让学生在教师的引导下自主参与作业的设计，也可以让学生自己尝试编制作业。因为自编数学作业，能够摆脱重复、枯燥、无价值的练习，取而代之的是生动、有趣、富有创造性的作业。自编型作业的设计能更有效地激发学生的作业兴趣，引导学生在"创编"中做，培养学生的个性和创造性。

　　例如，在三年级学完"长方形和正方形"这一单元后，我让学生对本单元的知识进行整理。整理的方式让学生自己选择，可以是表格式、文字式或图式。结果发现，学生整理知识的形式多样，主要有以下几种：

　　生1：

图　形	特　点	有关周长的相关知识
四边形	4 条直的边，4 个角	四条边的长度相加
正方形	四条边都相等，四个角都是直角 正方形是特殊的四边形 正方形是特殊的长方形	正方形的周长 = 边长 ×4 正方形的边长 = 周长 ÷4
长方形	对边相等，四个角都是直角 长方形是特殊的四边形	长方形的周长 =（长 + 宽）×2 长方形的宽 = 周长 ÷2- 长 长方形的长 = 周长 ÷2- 宽
平行四边形	对边相等，对角相等 平行四边形是特殊的四边形	平行四边形的周长 =（长边 + 短边）×2

生 2：

图　形	有四条边	有四个角	四边相等	对边相等	有四个直角	是轴对称图形	周长计算方法
四边形	√	√					四条边相加
正方形	√	√	√	√	√	√	边长 ×4
长方形	√	√		√	√	√	（长＋宽）×2
平行四边形	√	√		√			（长边＋短边）×2

生 3：

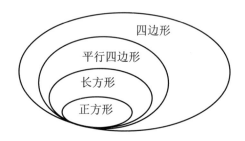

　　这三种整理方式，蕴含着学生不同的整理方式和思维层次。在自主创编、自主整理的过程中，学生动脑又动手，收到了事半功倍的效果。

　　教学中，我们也可以布置这样的作业：让学生自己编制一份习题，然后自己解答，或同学之间互换解答。自编型作业模式的构建，让学生人人有机会当小老师。学生在自主创编作业的过程中，编得开心，做得开心，学得也开心。这种新型的作业模式既有效地培养了学生的创造力，又充分提高了课外作业的效率。

三、合作型作业，激发学生在"乐"中做

　　新课程标准明确指出，学生的合作精神与能力是重要的培养目标之一。然而，以前的数学作业，教师过于片面地强调独立思考，没有将合作作为重

要的素质来培养。对于作业，我们完全应允许学生根据自己的学习基础自主选择完成作业的方式，鼓励他们与人交流，进行有效合作。基于这一理念，我们应该布置一些需要团结合作才能完成的合作型作业，激发学生在"乐"中做。

1. 温情的亲子型作业

现在的家长都很关注孩子的学习，很多家长能督促检查孩子的作业完成情况，但很少参与孩子的作业。还有一些作业，学生无法独立完成，因此，我们可以让家长参与到作业中，这样既可以让学生学到知识，又可以调动学生的积极性，使得作业具有浓浓的"亲情感"。

例如，在学习完"位置与方向"后，我设计了这样的作业：

1. 找一张中国地图，和爸爸妈妈一起学习如何看地图，中国的东部、西部、南部、北部各有哪些城市？浙江在中国的哪面？杭州在浙江的哪面？

2. 找一张天台城区的地图，和爸爸妈妈一起了解天台城关的布局，再用学过的方位词说出自己的上学路线。

再比如，三年级学完"长方形和正方形的面积"后，我让学生回家后算一算厨房、客厅、卧室的面积，由于学生年龄较小，独立操作起来比较困难，可以让家长参与进来一起完成。在这种具有亲情的环境中，学生学会了交流，学会了合作，知识、技能、情感都得到了发展。

2. 互动的友谊型作业

有些类型的作业，比如小调查、做实验等离不开学生间的合作，有的甚至需要一段时间的合作。为了完成这一类的作业，学生能够既有分工，又有合作，大家出谋划策，彼此信任，互相帮助，在互助中促进交流，在交流中学会合作。

例如，学习了"年月日"后，请同学根据课上学到的知识，课外制作一个年历（四个人一组合作）。

1. 根据每个人的特长确定分工方案。一人负责填写，一人负责美工，一人标重要日期，一人负责传递和统筹。

2. 确定制作样式。通过讨论交流，确定年历的主题，并对要画的画、要填写的诗词等进行先期处理。

3. 难题解决。（1）每月 1 日是星期几？前一个月最后一天是星期几，后一个月的第一天就往后推一天。（2）怎样完整地知道每个月的节日有哪些？提供一份节日单。

通过友情合作，促进学生的优势互补，使每个人都有机会展示自己的长处，在学习的思考中擦出思维的火花，并学会互相尊重和妥协，从而提升人际交往的能力。

四、实践型作业，引导学生在"行"中做

目前，老师布置的作业几乎都是书面型的作业。数学课程标准指出：教师应该充分利用学生已有的生活经验，随时引导学生把所学的知识应用到生活中去，解决身边的数学问题，了解数学在现实生活中的作用，体会数学的重要性。所以，教学中，教师要设计一些实践型作业，以提高学生的实践能力，发展创新思维。

1. 操作型实践作业

操作型实践作业是让学生根据在实际操作过程中得到的现象、数据等，进行分析、推理、判断或计算，以解决生活中实际问题的作业。

例如教学一年级"人民币的认识"后，我给每人发了几张购物记录卡，如下图：

购物记录卡（认真完成哦！）	
商品名称：＿＿＿＿＿＿＿	所要的价钱：＿＿＿＿＿＿＿
你给售货员的钱：＿＿＿＿＿	售货员找回的钱：＿＿＿＿＿＿
购物时间：＿＿＿＿＿＿	购物地点：＿＿＿＿＿＿＿

然后让学生回家带着记录卡到超市去买东西。这样一段时间后，学生不知不觉积累了实践经验，对人民币的知识也巩固得比较好。这种操作型实践作业的布置，可以有效地将学生的兴趣激发、思维训练、能力培养融为一体，符合学生的心理需要，使知识充满内在"活力"。

2. 调查型实践作业

调查型实践作业，是指让学生进行社会调查，用数学的眼光来分析调查所得到的资料，从而进一步认识我们周围的世界，感受数学与生活的密切联系。

例如，在学习了"多位数进位加法"后，我给学生布置了一项调查型实践作业，请大家回家后在父母的帮助下，调查家中有哪些家用电器。根据家中实际情况完成表格，并思考其后的问题。

名　称	品　牌	购买时间	单　价	数　量
……	……	……	……	……

1. 算一算，你家的这些家用电器花了多少钱？

2. 家中还打算买哪些新产品？需要花多少钱？

3. 请预测一下，哪些家用电器的价格会下跌得厉害？为什么？

4. 从调查中你还获取了哪些数学信息？发现了哪些数学问题？

结果学生做作业积极性大增，兴趣盎然。第二天作业反馈时，我发现学生完成的作业是五花八门，非常出彩。更重要的是这种调查型实践作业，让学生自主地经历了从实际问题中抽象出数学问题的过程，培养了学生综合解决实际问题的能力。

总之，课外作业是课堂教学的延伸，是巩固和消化课堂知识、培养学习能力、提高学生素养的最佳载体。教师在设计课外作业时，一定要以生为本，努力构建超市型作业、自编型作业、合作型作业、实践型作业四种新模式。当然这四种作业模式并不是完全独立的，而是相互渗透、有机统一的。教师一定要精心设计，并充分发挥学生的学习潜能，变机械重复为灵活多变，变单一知识为知、能、行的综合训练，使学生在做作业的过程中体验到学习的快乐，成功的喜悦，从而真正使课内、课外融为一体，使学生得到全面的发展。

3

个性作业

　　如何科学减轻学生的作业负担，让学生在作业中历练能力、张扬个性呢？新课标指出：一切教学活动都要以学生为主体，让学生在感兴趣的自主活动中全面提高学科素养。近年来，不少地区和学校，不少一线教师大力推行个性化作业，使作业这一传统的教学形式富有了新意。

　　个性化作业，就是指针对不同层次、不同个性的学生，设计不同层次、不同难度的作业，让他们在不同层次的作业上获得相应的知识，在原有的基础上有不同的收获，从而提高学生的学习积极性，使学生获得最大限度的发展。

分层式作业尊重学生个性发展

北京市海淀区西山小学　杨云霞

数学课堂实效性越来越被老师们重视，新的课程标准中也明确提出：人人学有价值的数学；人人都能获得必需的数学；不同的人在数学上得到不同的发展。如何提高数学的实效性？如何体现实效性的真正价值？应结合学生的具体差异，采取有效的措施，在分层中落实，利用分层来突破。所以，我围绕分层式课上作业、分层式课下作业、分层式作业评价、分层式作业反思等进行了研究，以期提高数学课堂的实效性。

一、问题的提出

作业是检查学生每天学习情况的有效措施；作业也是家长与学校相知相助的纽带桥梁；作业更是促进学生学业质量提高的重要手段。

在一次数学单元验收中，我所教的两个班数学成绩极不理想，学困生随着年龄的增高而呈递增趋势，下列统计表展现的就是那次班级学生的数学单元成绩：

分　数	90～100分	80～89分	70～79分	60～69分	50～59分	40～49分	40分以下
人　数	14人	5人	2人	4人	2人	3人	3人
百分率	42.4%	15.2%	6.1%	12.1%	6.1%	9.1%	9.1%

不及格的学生百分比达到了 24.3%。当看到这个成绩时，我心中产生了许多疑问：是自己不够认真吗？是抓学生不够及时吗？于是我重新审视了自己的工作，认真分析了教学失利的原因，与学生们多次交流座谈，深入学

生家庭了解学生们的第一手材料，并与专家和有经验的老师们进行交流。同时，我查找了大量的资料，例如：苏联教育家维果茨基的"最近发展区"理论认为，每个学生都存在着两种发展水平，一是现有水平，二是潜在水平，它们之间的区域被称为"最近发展区"。教学只有从这两种水平的个体差异出发，把最近发展区转化为现有发展水平，并不断创造出更高水平的最近发展区，才能促进学生的发展。

通过多方面地了解和调研，最终决定在班级中开展"分层式作业策略的研究"。在帮助学生提高学习兴趣、建立信心后，最终达到真正提高学生的学业质量，提高数学课堂实效性。

二、分层作业探索

1. 在分层式课上作业中，提高数学课堂实效性

在日常的数学教学中，往往课上的作业或形式单调没有层次，或思维灵活高不可测。为了让课上的作业适合不同学生的需求，使不同的学生达到不同的学习层次，获得必需的发展，在课上的作业设计上，我尝试了分层式练习法。把课上练习分成：巩固题（夯实基础题），变化题（思维体操题），拓展题（发散思维题）。

例如在"平面图形周长、面积"的复习课中，课上作业的分层设计是这样的：

基础题：荒地长约 50 米，宽约 10 米，你希望设计成什么形状的草坪？面积大约是多少平方米？

学生们快速而准确地回答出长方形面积约是 500 平方米、平行四边形的面积也约是 500 平方米、三角形的面积大约是 250 平方米，圆形的面积最大约是 75.8 平方米。

变化题：你能算出这个图形中绿色草地的面积吗？

这个变化题需要学生对图形进行重组，是有一些思考性的，但是学困生在好学生的帮助下也能顺利完成。接着让学生在绿地中种月季花，并在四周种上小松树等等，综合性练习题展现在学生面前，学生们的思维一次一次得到提升。

拓展题：下面请同学们为学校的绿化献计献策，展开你们思维的翅膀，自己设计出有创意的绿化方案。

学生们在有限的时间里设计出各种各样的方案，有简单的、有复杂的、有组合的、有单一的。例如：

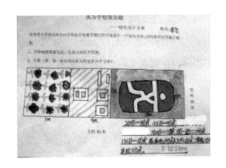 

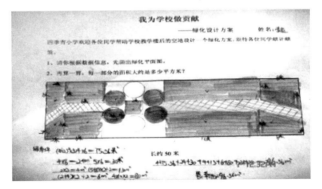

这堂复习课效果很好，课后学生们还沉浸在自己的创作中，学生们学习的积极性得到了充分的发挥。课上作业时采取分层式练习，满足了不同的学生在数学学习方面的需求，也落实了新课标的理念，有利于不同层次学生在原有基础上的发展，以此提高了数学课堂实效性。

2. 在分层式课外作业中，提高数学课堂实效性

学习差异是一种普遍存在的现象，不同层次的班级学生，具有不同的特点。作业"一刀切"，过难或过易，缺少层次，不利于不同类型的学生，尤其是学困生和优生的发展。实施分层作业则有利于学生在完成适合自己的作业中都取得成功，获得轻松、愉快、满足的心理体验，有利于优化学生的思维品质。因此，布置作业应照顾到学生的不同特点。现代教学要求教师深入研究学生，充分了解学生的实际情况，如学生的知识基础、接受能力、智力水平、思想品德及个性特点等。只有这样，教师在作业布置中才能做到既有统一要求，又能从学生实际出发，做到有的放矢。

课外作业是学生巩固知识的重要手段。由于学生存在着不同的差异，不少家长文化水平较低，指导孩子有一定的困难，我将课外作业分层布置，大致分为基础作业（书中的基本题）、一般作业（补充题目，可以是其他版本数学教材上的练习题，也可以是自己设计的）、提高作业（灵活性题目，考查综合知识的运用）三大类。对学习吃力的学生布置基础作业，因为书上的简单题目学生很容易做对，完成这部分作业不会让学生产生过重的学习负担，这样做也可以帮助学困生树立自信心；对学习中等的学生布置一般作业，学困生可以选做；对学习好反应快的学生布置提高作业，既可以开阔学生的视野，又培养学生的思维能力。例如：

> 把一块长方形菜地分成大小不同的几部分，其中甲地面积占总面积的 25%，乙地面积占总面积的 12.5%，丙地面积是 10 平方米，丙与乙的面积比是 5:3，求灰色部分的面积。

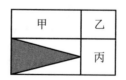

分层式课外作业的实施，极大地激发了学生学习数学的兴趣。经常听到孩子们这样说："数学学习可简单了，我们最爱写数学作业。"

3.学生在分层式作业后的反思中，找到不足促提高

老师经常反思自己的工作及教学情况，可以使自己的专业水平得到快速的发展；学生经常反思自己的学习情况，同样可以提高自己的学业水平。所以在分层式作业后还有一点至关重要，即作业反思。学生们的反思摘录如下：

明艳：我按照老师教的方法进行预习，记录下书上的内容，第二天老师再一讲解，我又补充上一些新的方法，收获很大。

雨佳：通过预习，可以记录下自己不明白的内容，我认为带着问题去上课，才是真正的学习。

新宇：我很喜欢这次的数学作业形式，特别是发现了语文的诗歌中还有数学的影子，真的让我感到学习数学的乐趣和数学学习的价值。

宇飞：以前我认为我的计算能力很强，可这次由于计算而丢掉了5分。我仔细检查，原来是抄错一个符号的缘故。在以后的作业中，我一定认真计算、认真检查，改掉自己的急躁做法。从这5分中，我知道了数学是不能有一点马虎的。

学生们正是在一次一次作业反思中发现问题、改正问题、发现数学、认识数学的，同时他们的课堂实效性也在不断反思中得到提高。

三、分层式作业带来的惊喜

经过不断的探索与实践，我让学生尝到了成功的喜悦，给学生创设了自主学习、自主钻研的舞台，促进了学生个性的发展，激发了学生们的学习热情，挖掘了他们的潜能。从分层式作业中，我初次尝到了"激动"，因为学生的学习能力、学习信心，在不断地提高；初次尝到了"心动"，因为学困生的成绩在不断地进步；初次尝到了"感动"，因为课堂的实效性在自己的工作中慢慢落实着、提升着，实现了"人人学有价值的数学""人人都能获得必需的数学""不同的人在数学上得到不同的发展"。下面是实施分层式作业后学生数学测试成绩一览表：

分　　数	100分	90～99分	80～89分	70～79分	60～69分	50～59分	50分以下
人　　数	6人	15人	9人	3人	0人	0人	0人
百分率	18.2%	45.5%	27.3%	9.1%	0%	0%	0%

经过自己尝试与研究，正像专家所讲："分层作业"实验调动了学生的学习积极性，学生的自主能动作用得到尊重和发挥，学生的情感、兴趣、意志、习惯等非智力因素得到了健康的发展，学生的自主意识、创新意识明显增强。分层布置作业符合学生的能力差异，能够培养学生优良的学习品质，使他们能够更加全面地了解自己，正确地评价自己。

另外，我也初次尝到了"冷冻"，因为不同的学困生存在着不同的特点，这又引发了我新的思考：学困生的不同差异怎样才能被最大限度地发掘和利用呢？做也好思也罢，唯有在研究与实践的有机结合中，才有自己的畅想，没有理论研究、策略方法作参照，实践必定行之不远；同样，没有反复实践、反思总结作支撑，研究终将化为过眼烟云。据研究表明：分层式作业的研究，其立足点是保全体促个体，将学生的个性与共性辩证地统一起来，在宽松愉悦的氛围中促进学生的成长，最终达到提高学生的课堂实效性的目的。我将沿着这条探索之路继续走下去。

六个原则提升小学数学作业设计个性化

江苏省连云港经济技术开发区中云中心小学　娄荣兰

本校使用的数学作业有《补充习题》《学习指导》及课本上的习题，这些作业的缺陷是：大致相似重复训练，全部完成练习内容对学困生来说有很大困难，会打击他们的自信心，学优生又感觉挑战性不强，不能满足他们的需求；而高效教学要针对学生具体情况因材施教，要求作业更要有针对性。这要求我们教师必须设计个性化作业以满足学生的个性化发展。

小学数学个性化作业设计，我认为就是在小学数学教学中，依照小学生年龄发展的特点设计符合小学生身心发展规律的作业，旨在促进学生主动学习，培养学生的独特个性，促进学生能力的全面发展。

根据学生年龄与学科特点，我认为编写小学数学个性化作业时应遵循巩固性、层次性、趣味性、拓展性、开放性、实践性六个原则。

一、巩固性原则

每一课时，都应根据课时的重点，设计一些针对性强的巩固练习，进一步巩固学习效果。2011 版课标虽然从双基变成四基，但巩固基础知识与基本技能仍是重要任务。以苏教版小学数学课本为例，低年级每一课时的"试一试""想想做做"，高年级每一课时的"试一试""练一练"，都是最基本的练习，作为巩固练习比较合适。

比如学习完"分数的基本性质"后，课后的"练一练"第一题就是"涂一涂，填一填"。左图第一个正六边形平均分成 3 份，第二个正六边形平均分成 6 份，对应的填空是 $\frac{2}{3}=\frac{4}{(\ )}$；右图第一个正方形平均分成 16 份，第二个正方形平均分成 4 份，对应填空是 $\frac{12}{13} = \frac{(\ )}{4}$。这样的练习，学生可以先在每组的左图中涂色表示已知的分数，再在右图中涂出相等部分，最后完成填空。也可以先根据分数的基本性质完成填空，再在相应的图中涂色。不管学生怎么做，都是对分数基本性质的最直接巩固。

二、层次性原则

层次性原则的第一层意思是指个性化作业应体现数学认知水平的不同层次；第二层意思是指个性化作业的编写要按难易分为不同层次，以满足各层次学生的需要，即分层作业。检测性的综合练习，原则上应该包含操作性记忆水平、概念性记忆水平、说明性理解水平和探究性理解水平的练习，当然可以是这四层次中的某几个层次，这样的检测练习才更有效度。

比如学习完"三角形面积"之后的检测练习可以包含这些问题：（1）已知三角形的底和高，求面积。（2）已知三角形的面积和底，求高。（3）有关三角形的实际问题，比如三角形果园底为 200 米，高 50 米，每棵果树占地 10 平方米，这块果园共有果树多少棵？（4）探究题，如两条平行线之间给出一个平行四边形，让学生画出和平行四边形面积相等的三角形，或者给一个三角形，让学生画出和给定三角形面积相等的三角形，可以画多少个？

对不同层次的学生，可以要求他们完成适合自己的练习，让他们在作业的过程中体验属于自己的成功，从而保护学生的学习积极性，使其个性得到张扬，能力得到展示。

三、趣味性原则

个性化作业的设计要有趣味性，以趣味性激发学生的学习兴趣，让学生感受到数学是好玩的，从而产生解决问题的热情和主动性，成为乐学者。在教学中，要杜绝机械操练。

比如学习完"20 以内的加减法"，可以设计"帮小鸟回家、小蜜蜂采蜜、小小邮递员"等把算式和结果对应连线的计算；以"找朋友"的形式给数字卡选择朋友，使两张卡片的数相加等于20；以小朋友喜欢的"开火车"的形式算20依次减去0、1、2……这些形式都是低年级的小朋友喜闻乐见的，能让学生在愉悦的氛围中巩固方法和技能。也可以设计"火眼金睛""我是小老师"等纠错类练习，巩固易错点的同时培养学生细心及检查的习惯。这样设计，将计算练习融合在一定情境中，比单调的竖式计算或口算练习更吸引学生，更容易达到练习的效果。再比如学习完"三角形的按角分类"后，可以设计判断三角形的类型的"猜一猜"游戏，把若干个不同三角形放在袋子里，只露出一个角，让学生判断该三角形形状，然后出示验证猜测。这样的游戏，不光有趣，更重要的是给学生制造认知冲突，在冲突中把握重点、突破难点。

四、拓展性原则

个性化作业不能也不应该只是知识的巩固和技能的强化，要具有拓展性。一般来说，新课的课时个性化作业一般以操作性记忆和概念性记忆水平的题目为主，综合练习时增加说明性理解水平和探究性理解水平的题目，以检查学生的拓展应用能力。

苏教版小学数学每个章节结束后基本都有思考题，这就是很好的拓展练习。比如学习完"分数的大小比较"之后，可以给学生出这样一道拓展题：

写出一个比 $\frac{1}{5}$ 大又比 $\frac{1}{4}$ 小的分数，并在小组里说一说是怎样找到这个分数的。还能再找到这样的分数吗？

学生通过讨论，可能会找到不同的方法：直接扩大法，即两个分数的分子分母同时扩大2倍可以找到 $\frac{2}{9}$；通分法，$\frac{8}{40}=\frac{1}{5}$、$\frac{10}{40}=\frac{1}{4}$，找到 $\frac{9}{40}$；化成小数法，$\frac{1}{5}=0.2$、$\frac{1}{4}=0.25$，找到 $\frac{21}{100}$、$\frac{22}{100}$、$\frac{201}{1000}$……比 $\frac{1}{5}$ 大又比 $\frac{1}{4}$ 小的分数有无数个。不管学生用哪种方法，找出几个，都值得鼓励，因为学生通过这样的练习才能真正体会思维游戏的快乐。

五、开放性原则

个性化作业中要设计一些结论、条件、解法开放的作业，这些开放性练习，能克服思维定式的消极影响，拓宽解题思路，发散学生思维，沟通知识间的前后联系，最终帮助学生建构属于自己的知识网络。

比如结论开放题：

> 用 12 个边长是 1 厘米的小正方形，拼成一个长方形，长方形的周长和面积可能是多少？你有什么发现？

学生解决此问题时，需要将所有可能性先有序一一列举出来，并要不重复、不遗漏，然后根据数据计算，通过观察比较从而发现规律。

比如条件开放题：

> 对于右图的多边形，至少需要几个条件，才能求出这个图形的面积？

这样的练习，条件多了就不都必要，条件少了就不够充分，所以这考查学生找到求出图形面积的充要条件。

比如解法开放题：

> 你能找到多少种分法，把右图的长方形分成面积相等的两部分？

对称轴把大长方形平均分成两个小长方形和对角线把大长方形平均分成两个三角形这两张情况学生找起来比较容易，但要找到通过长方形对角线交点的任意直线把大长方形分成两个全等的梯形对学生来说就有一定难度了。这样的练习，增加了教学内容的弹性，为不同学生的充分发展提供机会。

六、实践性原则

要根据教学的内容以及学生已具有的数学活动经验，设计一些让学生主动探索、实验、思考与合作为主的探索性作业，使学生在数学活动中成为一个问题的探索者。

苏教版小学数学课本很多单元后都有"探索与实践"版块，这个版块的内容都是实践性问题；每册也都有几个"实践与综合应用"专题。当然，我们也可以自己编制实践性作业，比如学习完"米（m）的认识"之后，可以设计这样的作业：我和一米比一比。让家长把他们和一米比一比的场景拍下来，这样的实践作业更容易让学生形成一米的正确表象，又让家长参与到孩子的学习活动中，其乐无穷。

当然，个性化作业的编写不要落入俗套，每课时都有，而是针对知识点的需要，可以一课时编写一个，也可以针对一个知识点几课时编写一个综合检查练习；个性化作业的编写还要针对本班学生的实际学况，即学生学习过程中产生的有继续探究价值的问题就要及时跟进采编，继续练习；也要考虑班级学生学习习惯、性格特点、学段等诸多因素。也就是说，设计作业的时候教师的眼里要有学生，这样设计的作业才是因材施教的作业，才是适合学生个性发展的个性化作业。

"多维"让作业更富人情味

浙江省富阳市富春第二小学　葛素儿

作业设计是教学设计中的基本环节，也是实施素质教育、进行课程改革的重要载体。本文所涉及的"多维"作业主要包括主题性"多维"作业、趣味性"多维"作业、实践性"多维"作业、人文性"多维"作业、整合性"多维"作业，它们之间是互相交融的，彼此密切联系。

一、问题的提出

新课程给学校教育带来了新的契机，给课堂生活注入了新的活力。但是随着课改的深入，我们发现课程实施的问题正逐渐凸现出来，教师日益感受到一种困惑：在教材与新课标之间有着一片模糊的、不确定性的领地。新教材是新课标理念的载体，广阔的领地等着教师去挖掘、去耕耘。如果我们教师不能正确把握教材设计意图，不去开发课程资源，融入自己新的思索，那无疑是穿新鞋走老路。要做到穿新鞋走新路，就需要我们教师有课程意识，做课程的开发者、建设者，确立自己的专业地位。"多维"作业的设计正是我对在实施新课程中如何更好地实践新教材的一种新的思考与尝试。

现代儿童观认为，在每一个儿童身上都蕴藏着巨大的教育潜能，我们的教育必须充分尊重儿童的内在素质，即自然天性，小心加以呵护、开发。"多维"作业旨在创设一个适合儿童生活和学习的"聪明环境"，寻求儿童经验、活动与课程之间的联结点，使儿童的学习生活充满生命活力，由单纯的书本学习（维持性学习）转变为通过观察、动手、制作、实验、考察、讨论等多种感受器全方位参与的体验性学习与探究性学习（创新性学习），让每一个儿童的创造潜能在学习活动中得到开发，让每一个儿童的多元智能得到培养。

二、"多维"作业的内涵与设计实施要求

1. "多维"作业的内涵

"多维"作业关注学生的情感、态度、价值观，改变传统教学中形式单一、方式单一、功能单一，封闭的阻碍学生发展的"冷冰冰"的作业方式，尊重儿童的天性，顺应儿童的学习规律，多角度、多方位、多形式、多需求设计作业。它要求充分挖掘各种各样的教育资源，根据教育目标对资源进行重新组合与调整，是沟通学生生活世界和书本世界的桥梁，为学科课程提供广泛的感性背景，为课本知识的运用提供实践的平台，注重学生的主动实践、独立思考、积极探究与合理表现，让作业更富人情味，让学习洋溢生命气息，使学生在作业中释放自我潜能，开发多元智能，体验学习的愉悦和自信，获得个性的和谐发展。

2. "多维"作业的设计和实施的基本要求

（1）体现趣味。儿童的天性是好动好玩，作业设计要摆脱单调乏味的重复抄写，增强趣味性，引起学生的兴趣与注意，激发学生的表现欲、探究欲、创造欲。例如下面这道作业题：

小兔胖胖要到小狗迪克家做客，你认为胖胖可以怎么走？帮它想想办法。

形式活泼有趣的作业，能有效激发学生主动作业的兴趣。

（2）强调体验。引导学生关注生存、关注环境、关注学习、关注发展，通过探究、交往、创造等实践活动体验，促使学生实现对现实生活的吸收、综合运用和创造。例如在"比多少"的教学中，设计这样一次实验作业：

1. 3只同样的杯子里放不一样的水，放入相同的糖，哪杯水最甜？

2. 如果三只杯子的水一样满，什么情况下水最甜？

通过这样的实践活动，学生对"水一样时糖越多越甜"和"糖一样时水越少越甜"的结论记忆非常深刻，感受到数学就在自己身边，增强了学习数学的情感。

（3）自主发展。"多维"作业强调自主学习、不断选择并不断建构有价值的知识，使学生在自我体验、自我反思、自我评价和自我监控中获得自主发展。例如"看一看，想一想，你能提出多少数学问题？"（如下图所示）这类色香味俱全的自助餐题型作业，突出自主选择，激发了学生学习的热情，培养了学生的独立自主性。

（4）突出开放。作业时空开放：学校、家庭、社区、大自然都是学生作业的空间，作业也不限定完成的时间；作业目标开放：不以知识为唯一目标，鼓励学生大胆地想象，努力培养学生的创新意识和创新精神；作业评价开放：强化"过程"意识，淡化"结果"意识；作业方式开放：多种作业方式综合运用。如上例所说的看图自主提出数学问题并解答，较好地体现了开放性。

（5）有效整合。作业不受学科知识体系的束缚，有效实现目标、内容、方式、结果等方面的整合，使学生对知识加以综合运用。例如学习完"认识钟表"后的作业设计：

1.看看连连，想想怎么样连比较合理？
2.小明的一天是怎么过的？你能编个故事告诉大家吗？

这道题的设计关注学生的生活经验，引导学生在具体的生活情境中学习数学，集看时刻、排序、语言表达为一体，引导学生把同一时间内多元信息进行整合与应用。

三、"多维"作业的设计类型

1. 主题性"多维"作业的设计

主题性"多维"作业是指设计以现实主题或问题为支撑的学习活动，让学生围绕一个或多个结构化的主题开展有意义的学习，师生共建合作交流和对话互动的课堂教学大平台，促进学生的多元发展。

例如教学数学实践活动课《我们的校园》这一节课时，围绕"校园里的活动"这个主题进行作业设计：

作业设计	设计意图	活动方式
1. 观察校园活动图，你能提出什么数学问题？怎么解决？ 2. 为了能一眼看出每项活动有多少人参加，我们可以进行简单的统计。（小组活动）3. 根据统计图（笑脸图），你能提出哪些数学问题？	情趣交融，学科渗透，给学生创造活动空间、观察空间、思维空间，给学生的身心以美而舒展的渲染，让学生在情境中感受知识、领悟知识。作业设计围绕校园活动的主题展开，体现动静结合，调动学生多种感官参与学习，使学生在玩中学，乐中悟。	观察对比交流对话计算说理实践应用评价反思

这类作业设计以现实问题为框架支撑起学生的积极学习活动，重视让学生经历学习数学的过程，挖掘学生的潜能。

2. 趣味性"多维"作业的设计

儿童的天赋资源，主要体现在本能与兴趣之中。趣味性"多维"作业是指探寻一种符合学生的本性，深受儿童喜爱的，并能有效促进学生健康成长、充满生机活力的有趣的作业形式，促进学生的多元发展。

例如在小学数学学习中，计算占了很重的比重，怎么样激发学生计算的积极性？怎样创设富有想象和挑战的计算情境呢？我主要尝试的是创作"大富翁类型的游戏"。在这种游戏中，学生通过掷骰子确定点数后沿一定的路线前进，然后不时遭遇一些与计算有关的问题障碍或好运气。比如：

遇到陷阱，向后退 5 格；

说对 9+7 的得数，你可以多玩一次；

你的运气真好，说出几道得数是 11 的进位加法就往前走几步；

你真棒，来，抽一张幸运卡（设置几种类别：可以是看图列式，也可以是口算，等等）；

……

再比如边锋游戏中的飞行棋也很好玩，不仅涉及数数、计算、方位问题，还涉及"哪架飞机先起飞才不至于相撞""掷出怎么样的点数不至于相撞""掷出怎么样的点数可以使飞行路程缩短"等问题。我们可以做这样的小改动：（1）自制棋谱（也可以从电脑上截图，如右图。）（2）自制骰子，使两颗骰子掷出来的点数尽可能丰富；（3）自创规则，提供一些问题卡片、幸运卡片等（如上例）。

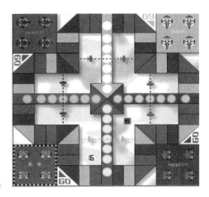

趣味性作业的设计除了突出形式趣味之外，还要突出内容本身的趣味性。趣味性"多维"作业，可以使学生卷入想象和挑战中，增加学生的实际知识，提高学生的决策能力和人际交往能力，促进学生的多元发展。

像这样的游戏综合性比较强，一般可以在课外进行或作为家长与孩子的亲子活动。数学课中的游戏内涵很广阔、形式也很丰富，需要我们去挖掘。

3. 实践性"多维"作业的设计

实践性"多维"作业是指关注学生好玩的天性，利用学生的生活经验，利用数学实践活动，把书本知识和生活知识有机地结合起来，让学生在活动中学、玩中学，从而获得多元发展。

例如下例作业设计，就较好地实现了活动和数学学习的融合，促进了学生的多元发展。

作业设计	设计意图	活动方式
整理书包或房间	学习了"分类"后，安排整理书包或房间的实践活动，使学生在感性上进一步理解分类，认识到分类在生活中的作用。	分　类

当被问起最难忘的学习经验时，多数人会想起的是一门让人全身心投入的课程、一个刺激我们感官的活动、一次需动手操作的作业、一次充满意义的作业。

4. 人文性"多维"作业的设计

"多维"作业的设计还要体现人文性，"学习的外延等同于生活的外延"。"多维"作业主张学生走向社会、走向生活、走向自然去感受鲜活的生活气息，亦主张渗透社会最新信息、当代科技最新成果，为学生提供多样的背景。

作业设计	设计意图	活动方式
用自己喜欢的符号记录一个月的天气情况，说说自己的发现。	把所学的知识用到生活中，感受到学数学的乐趣，发现学习数学的意义和价值，在课业和情意方面都有所收获。	观　察 记　录 整　理 表　达

每个学生都保持着与生俱来的好奇心，都希望开启现实世界的欢乐、兴奋和神秘。作业设计中我们如果能关注到数学与生活的密切联系，重视让学生在真实的生活情境中学习数学，就能激发学生探索自然与人文环境的乐趣，使其感受到数学的"人文性"。

5. 整合性"多维"作业的设计

整合性"多维"作业设计具有较强的综合性与实践性，不是单纯学科知识的运用和延伸，而是需要综合运用知识去认识、解决问题。在方式上，根据作业内容需要，学生可以灵活选择或整合多种作业方式；在表现方法上，同一项作业，可能有多种结果，而且表达结果的方式可以是多元的。

（1）与学科资源整合，拓展作业内涵。

数学的应用本身具有广泛性和多科性的特点，不能人为地设置学科间的壁垒，而要加强数学与其他学科的联系，为学生解决问题提供广阔的文化背景，使学生从学科联系中吸收丰富的营养，更全面地理解数学的深刻内涵。

例1：与语文学科的整合。

作业设计	设计意图	活动方式
你能根据下图编一个动听的童话故事吗？用上我们学过的数。	突出多维度培养学生的智能——语言智能和逻辑数学智能，在交流对话中培养学生的倾听能力、评价能力，引导学生多角度提出问题。	观察思考语言表达交流对话评价反思

例2：与美术学科的整合。

当今的学生是观看电视长大的一代，他们大都具有高度的视觉化学习的倾向。数学作业与美术学科整合，对促进培养学生多元发展具有积极意义。

作业设计	设计意图	活动方式
画一画：以我们的校园为主题创作一幅画，画中物体能体现1～10各数的数量。	通过画一画、想一想、数一数、评一评等多维活动，让学生在玩中学。	绘　画数　数评　价

（2）思维整合，实现融会贯通。

通过思维整合，获取知识信息的感知材料，把同一时间内多元信息进行整合与应用，强化学生逻辑性思维的整合度，努力实现综合贯通，形成知识结构网络。如下表：

作业设计	设计意图	活动方式
哪几样东西是同类的？用相同的符号表示，说说你的理由。 ①　②　③ ④　⑤　⑥	作业尽可能体现个性化、多样化的学习方式，通过自主化的探索让学生感受到分类结果在不同标准下的多样性。	分　类 标　记 交　流 对　话 评　价

四、"多维"作业的实施

1. 课内落实与课外延伸相结合，放飞自我潜能

课内落实必须与课外延伸相结合，校内外应该沟通。生活中处处有数学，也处处要用到数学，生活中有取之不尽、用之不竭的数学教育资源。教师在布置作业时，要尽可能让学生采用各种手段应用数学，尽可能拓展学生的知识视野，拓展数学学习的渠道，使学生在课内、课余、课外通过丰富多彩的作业形式，巩固、应用、深化所学的数学知识，获得情感体验，放飞自我潜能。

2. 提供"自助餐"式作业，关注自我需求

"自助餐"式作业是指在课堂教学中设计丰富、灵活和有层次性的作业，让学生自主选择，以适应不同层次的学生。例如学习了连加连减、加减混合后，我编排了几个层次的作业：

1. 你来试一试。

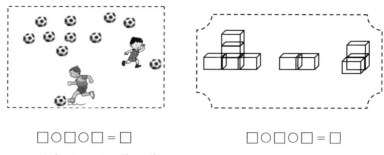

□○□○□ = □   □○□○□ = □

2. 你来说一说，算一算。

车上原来有 10 人，下车了 1 人。

现在车上有几人呢？

现在又上车了 2 人。

□○□○□ = □

3. 有 5 只小兔，5 堆萝卜，如果每只小兔吃两根萝卜，吃哪几堆比较合适？请你算一算，再圈一圈。

　　第一小题作为"营养餐"要求每个学生都完成，落实基础知识，后面两项作业作为"自助餐"，学生可以选择适合自己的、自己感兴趣的去完成。这种"自助餐"式的作业，极富人情味，尊重了学生的权利，帮助学生树立

了"我能行"的信心。

3. 自己参与作业设计，享受学习喜悦

学生是学习的主体，是学习的主人。作业内容必须适应学生的需要，而不是让学生去被动适应预先规定的作业。在课堂中我也曾作过这样的尝试：教师"下台"，学生"上台"，让学生自己设计作业，当一回"导演"。例如《加法》一课中的一个教学片段：

师：我们这节课学习了加法，认识了加号，学会了列加法算式，谁会自己编一些题目考考大家？

生：1加2等于几？3加1等于几？9加1等于几？100加1等于几？……（尽管教材只教了5以内的加减法，但很多小朋友编出了很多"超范围"的题目。）

师：谁能编一些水平高一些的题目呢？想一想，我们生活中有哪些加法问题？

生1：妈妈给我买来2支铅笔，爸爸又给我买来3支铅笔，我有几支铅笔？×××，你来回答！

生2：2+3=5。

生3：我画了1个〇，又画了4个〇，现在有几个〇？谁来回答？

生4：我来，1+4=5。

生5：停车场有5辆车，又开来了5辆，一共有几辆？

生6：5+5=10。

……

学生在讲台上自由地当着老师，让自己的同伴回答自己编的题目，大家的脸上都洋溢着开心的笑容。事实证明，学生对自己"创造"出的作业更感兴趣，学习也更投入、主动。从学生欢乐的笑声中，我们不难感受到自己播种的果子甜。

4. 多元评价，获得成功体验

"精品档案袋评价"。把学生的精品作业搜集起来，放入孩子的档案袋，让学生感受到成功的喜悦。

"无失败评价"。老师及时把学生的精品作业汇集起或者把学生的精彩语言记录下来，定期举行作业展示课，开展"星级评价""家长评价""学生互评"或"学生自评"，把评价权交给学生，真正培养学生主动探索的主体意识，使"多维"作业真正落到实处，达成预期效果；要创造机会，通过交流、介绍、传阅、发表等形式，展示学生的作业，让他们体验作业的乐趣与价值。要牢固树立"只有差异，没有差作"的观念，让处于不同水平、不同层次的学生都体验到愉悦，在欣赏和被欣赏的氛围中获得成功体验。

"巧用心情脸谱"。数学作业是教学的一面"镜子"，或者说是师生交流信息的一个"窗口"。我们应用好这个窗口，与学生进行心灵对话。在作业中，学生可以用😀、😊、😕、😠心情脸谱来告诉老师自己对作业的喜爱、满意程度，老师也可以用这些表情来告诉学生自己对他们的喜爱、满意程度，充满人情味的交流使师生情感交融，这样的交流更体现了老师对于学生情感态度的关注。

五、效果与思考

1.效果

"多维"作业实施一学期以来，数学课堂有了很大的改变，学生参与学习的态度积极，富有人情味的作业让人感受到学习洋溢着生命气息。

（1）提供了实践的平台，拓展了教育资源。

儿童作为现实生活中完整的个体，他们的生活空间主要包括学校、家庭和社会这三维空间，"多维"作业以尊重儿童的天性为前提，为课本知识的运用提供实践的平台，整合了教育资源，形成新的合力，使学生的视野更开阔，视角更鲜明，表象更丰富，感受更深刻，开发了学生的多元智能。

（2）增强了教师的课程意识，提升了教师的反思能力。

通过设计与实施"多维"作业，教师对学生的情感、态度、价值观更为关注，教学中重视挖掘每一个学生的潜能，面对新教材时常能融进自己的思考，用动态的眼光看待新教材，设计出适合儿童天性的"多维"作业。同时学生的精彩表现时时让老师感动，老师能主动去反思，提升自己的反思能力。

有体验才能有深刻的反思，有反思才会有提高，在思辨中受益的不仅仅是学生，还有教师自身。"多维"作业的设计与实施让教师的专业地位得到确立，生命价值得到提升。

（3）激发了学生的潜能，使学生在作业中充分感受到学习的愉悦。

课堂成了学生展示童心的舞台，学生的参与意识、主动性明显增强，改变了被动作业的状况，学生的观察能力、实践动手能力及分析、处理问题的能力有较明显的提高，学生在作业中充分感受到学习的愉悦。我们来看几例学生的作业：

例1：数学图画《我们的校园》（配合学校创建绿色校园活动，要求作品中的物体能反映数量1～10。）

（自我介绍：我画了10棵树，9棵小草，8朵花……）

我们不需要过分追求完美无瑕，我们只需要张扬孩子的童心。这样的表现形式也不错啊！

例2：找朋友（分类）。

哪些花可以成为好朋友？（用相同的符号表示，说说分类的方法。）

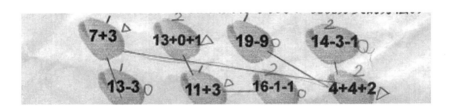

下面是这位学生对作业的解释：

①连线表示按得数分，把相同得数的算式连在一起。

②符号"△"和"○"表示按加减法分，"△"表示加法，"○"表示减法。

③数字"1"和"2"表示按计算次数分，"1"表示计算一次，"2"表示计算两次。

简洁、清晰的表示和表述让我对学生由衷地赞叹！

例3：你知道的古诗和成语中，哪些有我们学过的数？请你写一写。

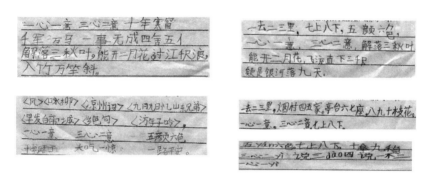

数学课中的语文作业别开生面，让学生其乐融融！

这样的精彩还有很多很多。一个个独特的数学问题、一张张生动有趣的数学图画、一份份洋溢着童心的数学作业纸，无不闪烁着学生的智慧，无不让人惊讶孩子的天赋资源竟如此广阔。设计与实施适合儿童天性的"多维"作业，将使作业变得更健康、更有人情味、更令人兴奋！面对这样的作业，学生通常会是自愿的建筑师，他们会乐意设计一个更符合他们需求的空间，学习也就会洋溢生命气息！

2. 思考

（1）"多维"作业不排斥传统的作业类型。

"多维"作业可能更多地关注学生情意方面的发展，而传统的作业类型可能更多地关注学生对课业知识的掌握。就小学数学而言，有些类型的作业永远具有生命力，比如基本的口算训练。怎么样更好地吸收传统作业的精华，更好地与新型作业整合、平衡，有待我们进一步思考。

（2）"多维"作业的开放应有度。

我认为"多维"作业的开放应有度，形式要实在，不能一味追求形式多样化，让学生茫茫然无从下手。开放的时空可以广一些，但开放的步子应该实一些，要适合儿童的心理水平和认知水平，如果违背了儿童的身心发展规律肆意超越，就犹如"拔苗助长"，将阻碍学生天性的发展。

（3）"多维"作业的题材贴近学生的生活情境。

"多维"作业提倡选择具有现实性的材料。我认为应多选择儿童感兴趣的、儿童熟悉的生活情境。从现在的课堂看，有些作业设计离儿童的实际生活远了些，学生没有多少共鸣，甚至有些题材对于儿童健康成长不利。我参加浙江省小学数学新课程研讨暨课堂教学观摩评比活动时，对《可能性》一节课中体验可能性大小的这个活动记忆特别深刻：

> 某商场要举行摸奖活动，如果你是商场老板，你会怎么样放球？（两个黄球，两个白球，摸中黄球有奖。）其中有个学生的表现让全场600多名老师哄堂大笑。他的第一个点子是全部放白球，理由是这样不用兑奖，自己赚了。当学生提出这是欺诈行为时，他又想了一个点子：全部放黄球，奖品全部用假货！

二年级的孩子果真如此"奸诈"？是不是生活中所有与数学有关的材料都可以吸收进我们的数学作业，这很值得商榷。

（4）"多维"作业的研究应是群体互动行为。

"多维"作业特别强调课内外的沟通、学科之间的整合。仅仅改数学这门学科的作业形式显然不能充分发挥其功效，"多维"作业的研究应是群体互动行为，通过构建相关的校本课程等途径让更多的老师参与研究。

一个语文老师眼里的个性"数学日记"

江苏省东台市三仓镇小学　崔小春

市教育局组织我们去东台师范附属小学观摩教学工作，在数学组看到了任教三年级数学的张祖润老师和学生同写的"数学日记"，40 本学生写的"数学日记"，加上张老师的共 41 本，码得整整齐齐的，有的还包了书皮。起初我以为是学生的小作文，后来听数学组的同行说这种作业叫"数学日记"。这种打破学科界限、形式新颖的作业一下子吸引了我这个教语文的老师，一口气把 41 本"数学日记"读完。

从内容上看，学生的"数学日记"大体上可分为三种类型。

一是反思型或回顾型"数学日记"。这种类型的日记主要是回顾或反思数学课堂上学习的知识。例如：

今天我们学习了"乘法估算"。老师说小明家有 42 头奶牛，一头奶牛一天大约可挤奶 29 千克，照这样计算，小明家的奶牛一天大约可挤奶多少千克？萝卜估计得数比 800 多，青椒估计得数比 1500 少，西红柿估计得数在 1200 左右。老师让我们分小组讨论他们三个人谁估算得最准确，并且要说说为什么。29×42=1218，因为 1218 和 1200 最接近，所以我们小组认为西红柿估算得最准确。刘雅丽那个小组最厉害，他们说：萝卜是把 29 看成 20，把 42 看成 40，因为 20×40=800，所以萝卜认为得数比 800 多；青椒是把 29 看成 30，把 42 看成 50，因为 30×50=1500，所以青椒认为得数要比 1500 小；西红柿把 29 看成 30，把 42 看成 40，因为 30×40=1200，而且 29 和 30 最接近，42 和 40 最接近，所以 1200 和得数最接近，西红柿估算最准确。老师表扬了他们，老师说估算时要把两个乘数看作与他们最为接近的整十数，估算的结果会更准确些。今后，我要向刘雅丽学习，尽量把问题想全面了，那样，老师也会表扬我的。

在这种类型的"数学日记"中，学生主要是回顾数学课堂上刚刚接触的新知识，总结自己的收获，分析学习中存在的问题，可以说是一种放电影式的语言复习，也算是一种穿插着旁白的自我反思。

二是生活型"数学日记"。这种类型的日记，主要是记录生活中的数学。例如：

> 今天是星期天，妈妈说要带我去国贸商场买东西，我非常高兴，因为我喜欢吃草莓，今天一定让妈妈多买一点。超市里人真多！大概妈妈好久没出来买东西了，她今天买了很多，有大米、油、味精、洗衣粉等等。看看东西选得差不多了，她推着小车到收银台结账。看来妈妈今天不想买草莓给我吃了，我噘着嘴站在收银台里面。妈妈已经结好账了，看见我还站在里面没出来，就喊："小敏，你站在那儿干什么？""我要买草莓！"我气呼呼地说。"你这孩子，就知道吃！"妈妈说："我身上只剩 19.8 元了，你去买吧，多了我可没钱付啊！"见妈妈同意买，我非常高兴，转身向卖水果的柜台跑去，一问，草莓 6 元钱一斤，阿姨问我买多少，我说你帮我挑吧，反正有妈妈付钱。阿姨很热心，帮我挑个大、颜色好的。挑好了放在电子秤上一称，共 2.3 千克，我拎着包扎好的方便袋来到收银台前，收钱的阿姨对着验码器一照说："二十七元六角。"妈妈说："我告诉你我身上只剩 19.8 元了，你还买这么多，把你押在这里给人家呀！"我吓得一吐舌头，只好回去请阿姨倒掉一些，剩下 1.2 千克，一共是 14.4 元，妈妈付了钱。在众人的眼光中，我红着脸离开了商场。看来学好数学很重要，不然会闹出更多像今天这样的笑话。

我发现这种类型的"数学日记"在双休日的日记中出现得比较多，反映出孩子们对数学知识在生活中运用的概括和思考。

三是创新型"数学日记"。这种类型的"数学日记"凸显出孩子的创新性数学思想和数学素养。分享两个例子：

今天放学回到家，爸爸正在用磅秤称别人送过来的大豆，等他们闲下来，我站到磅秤上看看自己有多重，因为妈妈老说我胖。一看 61 斤，真的是胖，得减肥了。看到我在称体重，我们家的狗——"花花"在一旁摇头摆尾地转来转去。我想看看"花花"有多重，就把它放在磅秤上，我站起来，它就跳下来了。我只好再把它抱上去，可我一转身，它又跳下来了，它就是不听话，不肯老老实实地待着不动，让我给它称体重，怎么办呢？想了想，我抱着它一起站在磅秤上，让爸爸给我们称，一共 76.4 斤，减去我的体重 61 斤，剩下的就是"花花"的体重了。15.4 斤，真肥的狗，看来它也要减肥了。

爸爸动不动就让我到奶奶家拿东西，有时我跑慢了，还数落我。哼，这么远的路，一天跑几趟，得让他付工资，对，1 千米 5 元不算多吧？每次爸爸应该给我多少钱呢？我要想办法算算。可到哪里找这么长的尺来量呢？这点小事怎么会难倒我这么聪明的人呢？我找来一个自行车的废钢圈，在上面系了一根红线，从我家的大门口开始，我用一根小木棍推着钢圈往奶奶家跑去，一边跑，一边数红线在我眼前出现的次数，一共是 178 次。我再找来一根线绕钢圈一周，用尺一量，钢圈的周长是 226 厘米，178×226=40228（厘米）≈ 0.4（千米），哈哈，到奶奶家大约是 0.4 千米，每次爸爸要付给我的工资是 0.4×5×2=4（元），今天晚上就找他算算账。

在这些"数学日记"中，学生把自己的数学积累和数学思维结合到了一起，以探究性和创造性的视角去挖掘平常生活中的数学，用数学的思维去丰富生活，是"数学日记"中的"亮点"。

读了 41 本"数学日记"我感触颇深，以一个语文老师的视角来打量张老师和学生共写的"数学日记"，我觉得有以下三点特色。

1. 变"机械训练"为"思维体操"

传统的数学作业都是些技巧型、操作型的数学练习，如计算、文字题、应用题等，这些作业都是以巩固为主，白天数学课上教了什么，晚上就有针对性地练什么。这是接受、巩固性的学习方式。而"数学日记"则不同，它开辟了一种新的作业形式，学生写反思型、回顾型"数学日记"，是以语言加思维的形式对课堂教学内容的重现。回顾的过程是巩固的过程，也是思考的过程。学生为自己在课堂上有新发现新收获感到欣慰、对学习中的模糊认识感到迷惑，从而激发继续探究的欲望，这是数学情感的升华。"数学日记"能让学生的数学思维"手舞足蹈"，"翩翩起舞"。

2. 变"书本数学"为"生活数学"

让学生写"数学日记"，能引导学生把课堂上学到的数学概念、数学知识运用到生活中去，在日常生活中验证课堂上学的数学知识，又可以有目的地引领学生用数学知识、数学思维来改变生活、创新生活，让生活充满数学的乐趣。"数学日记"是"书本数学"和"生活数学"之间的一座桥梁，在学生面前打开了一扇数学和生活相通的窗户，改变了传统的数学课堂模式，这个课堂是广阔的，同时又是充满生机、充满情趣、充满思辨、充满理性的。

3. 变"单极数学"为"复合数学"

作为一名语文教师，我觉得写"数学日记"对提高学生的作文水平很有帮助，学生要想写好"数学日记"，写有内容的"数学日记"，平时就要学会留心观察生活、记录生活、思考生活，而这些，也是学生写好作文、学好语文应具备的能力。我希望数学老师少布置些机械、重复的数学练习题，多让学生写写"数学日记"，让学生在"数学的日子"里练就语文的本领，到时候，我们语文军功章里"有我的贡献，也有你的贡献"。

让学生写"数学日记"，值得提倡、推广。

自主作业，精彩无限

江苏省张家港市城北小学斜桥分校　谢怡梅

动手实践、自主探索与合作交流是学生学习数学的重要方式。数学作业是学生学习数学的一项经常性的实践活动，一份好的作业，可以激发学生学习的兴趣，给学生提供自我表现的机会，让其在作业中巩固和应用所学知识，并获得能力的提高和个性的培养。因此，老师要精心设计好作业，让学生在数学作业中自主探索，操作实验，积极思考，使每一位学生成为作业的主人、学习的主人。

一、作业自助餐

一个班级几十个学生，每个学生有着各不相同的智力水平和知识基础，有着自身独特的学习风格和情感态度，因此，设计作业时要面向全体，设计多层次的富有弹性的"自助餐"，让每个学生根据自己的实际自主选择、灵活做题，真正做到让学困生"吃得了"，中等生"吃得饱"，优等生"吃得好"。

如在教完"最小公倍数"后，我设计了这样的练习：

第一层次（基本题）：求 6 和 8、51 和 3、9 和 12、10 和 11 的最小公倍数，能直接写出的直接写。

第二层次（提高题）：一些饼干分给幼儿园的小朋友，无论是分给 6 个人，还是分给 8 个人，都能正好分完，这袋饼干至少有多少块？

第三层次（思考题）：两个数的乘积是 150，这两个数的最大公约数是 5，它们的最小公倍数是多少？

每个孩子都有自己的最近发展区，学生选择自己最适合的题目进行实践练习，各取所需、各有所得，饿的吃饱了，饱的吃好了。作业自助餐满足了每一个学生的学习需要，让每一个学生在作业中享受成功，享受成长。

二、实践生活馆

数学实践作业是教师根据学习内容和学生年龄特点，结合生活实际，精心设计的以实践性、教育性、创造性的学生主体活动为主要形式的一种作业形式，它改变了传统作业的单一、机械的模仿练习样态，扩大了学生作业的时间和空间，让学生在充满活力与智慧的实践活动中启迪思维、提高能力、培养个性。

如在教学"利息"前，我让学生去银行调查利息和利息税的有关知识，这不仅可以使学生感受到数学与生活的密切联系，还可以使学生在调查统计过程中学会和掌握搜集、整理信息的方法。教完"利息"后，又让学生拿自己的压岁钱和零花钱根据自己的实际情况去银行存款，学生在实践中进一步巩固所学知识，并养成勤俭节约的好习惯。

学生在实践活动中，主动参与，积极探索，用数学的眼光去观察生活、思考生活，解决生活中的一些实际问题，体会到数学知识在生活中的应用价值。

三、日记接力赛

数学日记是连接数学和生活的桥梁，也是数学与各学科整合的一种媒介。我班每组有一本循环日记本，每组的同学轮着写数学日记，在日记中同学们共同探讨问题，交流学习方法，提高学习能力。下面选取我班两个学生的数学日记——

3 月 28 日　　星期一

语文中的数学

今天，我在语文书中看见了一副对联，在这副对联中还有我们的数学知识呢。

　　花甲重逢，增加三七岁月。

　　古稀双庆，更多一度春秋。

　　花甲指六十岁，花甲重逢就是一百二十岁，再加上"三七"二十一年，正好是一百四十一岁。古稀指七十岁，古稀双庆指两个七十岁，再加上一度春秋，就是一年，正好是一百四十一岁。这不正是我们数学中的四则混合运算吗？

卢怡玲

3月29日　　星期二

数学中的语文

　　我看了卢怡玲写的循环日记，她发现了我们语文书中的数学，其实在我们的数学知识中，也蕴含着语文知识。今天的数学课上，谢老师让我们用计算器计算第（1）组算式的得数，探索得数与已知数之间有什么联系。再根据这种规律，猜测第（2）组算式的得数，并用计算器验证。

　　（1）2626÷202　4242÷202　6868÷202

　　（2）8282÷202　6969÷303　8484÷404

　　我通过计算和观察发现：像2626，4242，6868，可以用我们语文上的ABAB（如商量商量、探讨探讨）形式来表示，而除数就是C0C（如猜一猜，想一想）的形式。它们的商就是AB÷C。看来，语文知识和数学知识之间有着密切的联系。

林　聪

　　的确，处处留心皆学问，学生的眼光是敏锐的，思维是广阔的，数学日记给学生提供了表现自我的舞台，让学生在这片舞台上自主观察、自主发现、自主思考、自主创造，让每一个学生的数学学习越来越精彩！

个性化作业让学生个性张扬

北京市怀柔区实验小学　田桂梅

数学课程标准指出：学生的数学学习内容应当是现实的、有意义的、富有挑战性的。数学作业作为课堂教学的延伸，是学生学习内容巩固和反馈的重要手段，其重要作用是毋庸置疑的。然而学生的差异是客观存在的，为了让学生人人都能获得必需的数学知识，让不同的人在数学上得到不同的发展，我们在设计作业的时候，要尊重学生的个体差异和不同的需求，设计个性化、趣味性和创造性的作业，为每一个学生创设练习、提高、发展的环境，为每一个学生提供思考、创造、表现和成功的机会，使每个学生成为学习的成功者。

一、新授课上的个性化设计

教学环节是教学过程展开和发展的基本程序，教师应在各个教学环节兼顾不同学生的不同需要。有的教师只是在一节课即将结束学生完成作业时，才来照顾有特殊教育需要的学生，这是不够的，仅靠最后几分钟的个别辅导是难以奏效的。因此，在新授课上我们也有必要设计个性化的作业，来满足不同学生的发展需要。

学生的头脑并非一片空白，学生也不是被动地接受知识，在学习新知识时，他们便会从头脑中搜寻与之有关的知识和经验，用来理解和同化新知识，建立起联系，组成新的认知结构，形成知识体系，储存在大脑中。如果能把学习活动的起点建立在学生的知识经验基础上，学生就会感到亲切、自信，从而产生认知的冲动，积极地投入到学习中去，主动地建构知识。

例如在教学归一应用题时，某教师是这样设计的："一辆汽车 4 小时行驶 240 千米，照这样计算，8 小时行驶多少千米？"教师没有把例题板书在黑板上让学生一遍一遍读题，而是比较快速地口述例题，学生迅速地把题写在作业本上，接着老师又让 2 名学生读自己记录的结果，这样既检查了学生书写的情况，又给书写速度慢的学生以继续书写的机会。老师要求学生至少用三种方法解答，当然也可以选择更多的方法解答。

经过几分钟的独立解答，老师发现多数学生都解答完了，开始反馈：

（1）$240÷4=60$ $60×8=480$

（2）$8÷4=2$ $240×2=480$

（3）$x÷8=240÷4$

同学们用自己的语言解释出每种解答方法的理由，教师把说出算式同学的名字写在算式的旁边，更激发了学生的热情。就在同学们情绪高涨时，教师列出一个算式——$8÷x=4÷240$，请同学们说说理由。经过讨论得出：根据每千米用多少时间列方程。在处理 $4÷240$ 时，教师追问学生："除了计算出得数是小数外，还有没有更简便的计算方法？"经过几秒钟的沉思后，一名学生站起来说："把 4 小时变成 240 分钟，方程就变为 $480÷x=240÷240$。"教师设计这一个环节，就是想给学生这样一种智慧的思维，教师的精心预设生成了精彩的课堂，点燃了学生智慧的火花。

有句话是这么说的：你听到了，就遗忘了；你看到了，就知道了；你参与了，就记住了。每堂课我们都要引导我们的学生扎扎实实地做数学，这样他们才能记住，学会，聪明起来！要在课堂教学中兼顾不同学生的需要，关键在于教师课前要精心设计教学环节。一道数学题最少用三种方法解答，有学生最多用 9 种方法解答出来。如下：

（1）$240×（8÷4）=480$

（2）$240÷4×8$

（3）$x÷8×4=240$

（4）$240×8÷4$

（5）$x÷240=8÷4$

（6）$x÷8×4=240$

（7）$x÷8=240÷4$

（8）$8÷x=4÷240$

（9）8-4=4（时） 240+240=480

著名教育学家苏霍林姆林斯基说过："学生来到学校里，不仅是为了取得一份知识的行囊，更主要的是为了变得更聪明。"

二、课后练习中的趣味性设计

一个好教师，关键不在于自己教得有多好，而在于让学生进入一个琢磨的学习状态。成长中的生命，对未知世界充满好奇。捍卫他们对不知的好奇心，他们就会主动去求知。如果用大量的知识题堵死了学生对不知的兴趣，他们就没有了心灵的飞翔，没有了思想的灵动，没有了智慧，没有了创造。

"兴趣是最好的老师"，数学课程标准指出：要从学生熟悉的生活情境与童话世界出发，选择学生身边的、感兴趣的事物，以激发学生学习的兴趣与动机。作业设计时，要从学生的年龄特征和生活经验出发，设计具有童趣性的作业，以激发学生的学习兴趣。如一年级的学生学习了"确定位置"之后，我带领学生观看学校的课间操，体会"行与列"。我们去观看电影，了解电影院中的座位顺序特点。在开家长会时，我建议孩子们告诉家长自己座位的位置，让家长根据孩子的描述对号入座。

又如在学习完100以内数的顺序后，我和孩子们做猜数的游戏。我心中想一个100以内的数，孩子们通过提问的形式获得答案。学生可以问："是一位数吗？个位上是5吗？比20大吗？"通过问答使数序和数位的知识深入人心。这样的活动作业学生非常乐意去完成，"得法于课内，得意于课外"，使课后游戏成为课堂教学的后续延伸活动。

三、实践活动中的创造性设计

新课程以创新精神和实践能力的培养为重点，建立新的教学方式，促进学习方式的变革。教师应尊重学生的人格，关注个体差异，满足不同学生的需要，创设能引导学生主动参与的教育环境，激发学生的积极性，培养学生掌握和运用知识的态度与能力，使每个学生都能得到充分的发展。

在学习完长方体、正方体、圆柱和圆锥的表面积与体积后，我设计了一节实践活动课，目的是让学生在实践活动中理解、体会这些概念。我们的学校是一所农村小学，我们就在校门外的一片空地上开展实践活动，我带领学生在空地上用铁锹制作长方体、正方体、圆柱和圆锥，并测量相关数据，进行表面积和体积的计算。长方体、正方体、圆柱的制作比较容易，制作圆锥的尖就显得有些困难了，这个困难倒帮助学生进一步了解了圆锥的特征。在小组内，力气大但是学习成绩不太好的学生也有了用武之地，他们拿铁锹挖土制作模型，用尺子测量长度，他们那种一丝不苟的精神在严肃的课堂上是很难找到的。通过计算不同物体的表面积和体积，他们对表面积和体积的大小有了更加直观的感受。难怪在写活动后的感想时，一名学生感叹道："通过这次活动，我好像一下子就把那些枯燥的公式记住了，我现在会计算这些物体的表面积和体积了，看来以后再有不懂的知识我还要像今天这样去亲自动手实践，实践是检验真理的唯一标准嘛！"

个性化作业使学生的个性得到张扬，能力得到培养，综合素质得到提高。学生通过个性化作业，用自己的方式去认知、解读和拥有心目中的数学王国，成为数学学习的小主人。

"自留作业"与"自选作业"的实践与反思

江苏省姜堰市实验小学　钱小明

传统的数学教学的功能往往被定位为"知识的巩固""技能的强化",导致作业陷入了机械重复、单调封闭的误区。烦琐枯燥的作业,让学生产生厌烦、逃避的心理;抹杀了学生的个性,使他们千篇一律,毫无生机,甚至被训练成做题的机器。学生的个性得不到发展,创新思维得不到培养,数学潜能也得不到挖掘。

基于这样的认识,笔者针对中高年级学生的数学作业进行了改革与尝试。

一、权力下放——自留作业

面对老师统一布置的作业,学优生觉得一些作业就是简单重复、机械计算,毫无新意可言,完全浪费了自己的时间。后进生觉得课余时间被作业挤满,根本没有自己支配时间的权利。在与学生倾心交谈后,在对学生细心观察后,我发现中高年级的学生,对于自己应该做什么样的练习,应该做多少题目,心中还是有一定分寸的。所以让学生自己给自己布置作业,把布置作业的权力下放给学生成了我的第一个尝试。

1. 实践

当我在班上宣布这一决定后,学生们都激动不已,而我的心情却是忐忑不安,直到第二天看到学生的作业我才稍许平静下来。

前一天学习的是"圆的周长",学生们是这样给自己留作业的:

我觉得今天课上的内容我基本掌握了，为了检查自己是否真的掌握了，我让爸爸给我找了几道难题：

1. 一个圆形水池的半径是 7.5 米，小明沿水池的小路跑了 12 圈，小明一共跑了多少米？

2. 一个圆形扇子的周长是 18.84 厘米，求扇子的半径。

3. 一个半圆的周长为 15.42 厘米，半圆的半径是多少呢？（周健）

今天听老师讲了数学家祖冲之的故事，我特别感兴趣，回家做的第一个作业就是上网查查关于祖冲之、关于圆周率的资料。（李庚）

课上小组合作探究圆的周长与圆的直径之间的关系时，我们这一组没能配合好，算出来的结果相差很大，回家后我给自己布置的作业就是重新探索圆的周长与它的直径之间的关系，看是否真的和老师讲的一样。（王连林）

2. 反思

从学生的作业情况可以看出这样的自留作业涉及面广、针对性强，从课内到课外，从自我巩固到自我提高，从自我复习到查漏补缺，让人意想不到，也惊喜万分。

这样的实践，以学生为中心，相信每一个孩子，充分尊重学生的个性，关注学生的差异，最终的结果是增强了学生的自信心，帮助字生养成良好的学习习惯。

但在实践过程中也发现有少数学生缺乏自觉性，这样的作业形式让他们更好偷懒，所以对于这样的学生必须是"有限制地"自留作业。

二、设置范围——自选作业

传统教学过程中，教师是课堂的权威，教师布置作业是天经地义的事，学生只有按着老师的要求不折不扣地完成，根本没有选择的权利。如何践行新课程改革倡导的"不同的人在数学上得到不同的发展"的新理念，让学生在各自的基础上都有一定的提高？在自留作业尝试的基础上，我进行了自选作业的尝试，针对一节课的内容设计一些作业，让学生根据自身的情况选择相应的题目进行巩固练习。

1. 实践

同样是"圆的周长"，在平行班我设计了这样一些题目让学生选择练习。

1. 基本知识，我能行！

说一说：

（1）有一个圆形花坛的半径是 10 米，如果绕其走一圈，要走多少米？

（2）一个挂钟的时针长 6 厘米，一昼夜这根时针的尖端走了多少厘米？

判一判：

（1）圆的周长是它的直径的 π 倍。（　）

（2）圆的半径扩大 2 倍，圆的周长扩大了 4 倍。（　）

（3）圆周率就是 3.14。（　）

（4）圆的直径扩大 5 倍，圆的周长也扩大 5 倍。（　）

（5）半径是 1 厘米的圆的周长是 3.14 厘米。（　）

2. 挑战自我，我能行！

（1）已知圆的周长是 15.42 厘米，求圆的半径。

（2）一张正方形纸的周长是 16 分米，把它剪成一个最大的圆，这个圆的周长是多少分米？

3. 实际应用，我能行！

（1）小明爸爸新买的汽车轮胎的直径是 1.04 米，每分钟转 600 周，车轮每分钟前进多少米？

（2）王老师的自行车车轮外直径是 65 厘米，一座大桥长 2000 米，通过这座大桥车轮大约要转多少圈？（得数保留整数）

4. 思考题，我也行！

高 1.8 米的探险家沿着赤道进行环球步行，他的脚底沿赤道圆周移了一圈，他的头顶画出了一个比赤道更大的圆。已知赤道的半径是 6371 千米，这位探险家的头顶画出的圆比地球赤道的圆周还要多多少米呢？

统计孩子们完成作业的情况：全班共计 36 人，全部完成的有 4 人，占

11.1%，这 4 人都是平时学习比较认真、做事比较踏实的学生；只完成第 4 题的有 1 人，占 2.8%，这是一个平时有点小聪明、学习习惯不太好的学生；完成 3、4 两题的有 12 人，占 33.3%，这些孩子学习成绩比较好，学习态度端正；完成 1、2 两题的有 10 人，占 27.8%，这些孩子学习成绩一般，学习态度较好；完成 2、3 两题的有 9 人，占 25%，这些是处于中等水平的孩子，他们选择了适合自己的题目。

2. 反思

从统计的数据来看，孩子们还是能"对号入座"的。在后来的实践过程中，学生也基本上能根据实际情况选择相应的练习。

在自选作业的实施过程中，有老师质疑：自选作业限制了学生自主性的发展，学生发展的空间变小了。认真思考，其实不然，新课程改革指出：课堂教学在强调学生主体地位的同时，不应忽略教师主导作用的发挥。因此，教学中教师应针对本课教学的重点或关键，抓住主要矛盾，在学生认识的转折点上下功夫设计作业；根据学生的实际情况，精心选择练习内容，合理安排。教师要通过作业练习，帮助学生理解知识的疑点、掌握知识的难点、克服学习的障碍。

同时，为了丰富自选作业的形式，我还设计了一些有趣的作业，如调查型作业、整理型作业、探究型作业、实践型作业等等，让学生感受到做数学作业的过程是一个快乐的体验过程。

新课程强调，教学是教与学的交往、互动，师生双方相互交流、相互启发，在这个过程中教师与学生分享彼此的思考、经验和知识，交流彼此的情感，丰富教学内容，求得新的发现，从而实现教学相长和共同发展。为此，教学过程中适当改变作业布置的模式，凸显学生的主体地位，发挥教师的主导作用，让学生的数学学习变得更加丰富多彩，让数学学习变成学生内心真正的需求，应成为我们孜孜不倦的追求。

多姿多彩的个性化作业批改

江苏省海安县南莫小学　范　强

数学作业是师生为了完成教与学的既定数学任务而进行的活动，它是复习巩固数学知识，形成并强化技能，培养和发展数学思维的一个重要环节。批改数学作业是小学数学教师的一项常规工作，是对课堂教学的补充与提高。它对于指导学生学习，检查教学效果，调整教学方案，发挥着至关重要的作用。如何更好地通过作业的批改，更好地提高学生的学习兴趣，发挥其主体能动性，是一个值得探讨的问题。在此，我仅谈谈我在批改数学作业方面的一点体会。

一、符号多样化，调动学生的积极性

长期以来，数学教师习惯于用"√""×"两种符号来批改作业，这是远远不够的，这两种符号在评价学生学习成绩、判断解题正误、比较学习差异方面有一定的作用，但枯燥乏味、缺乏激励性，评价结果带有一定的片面性，不能全面评价一个学生的基本素质、学习潜力。学生的解题思路、方法、过程、习惯、能力、品质等就不能通过这两种符号得到肯定或者鼓励。

为此，我们要把批改作业的符号多样化。比如：用"☆"来肯定学生在某一道题的解法上新颖独到，并做得完美无缺，无懈可击；用"△"来表示学生在解题思路上正确，但是在书面表达或者计算上还存在一点小问题，以调动学生积极性，鼓励学生进一步思考；用"○"指出学生在读题上没有读懂的地方；用"～～～"加"？"来表示学生在计算中的失误，而不要用一个大"×"全盘否定，这样太伤学生的面子，有挫学生的学习积极性。做到了这些，才有助于鼓励学生勇于解答难题，提高学生学习的积极性，增强批改作业对错误的指示性。

二、等级分项化，充分肯定学生的各方面优点

批改学生作业时，以解题思路的合理性、运算结果的准确性以及书写情况为衡量标准，对作业质量进行综合评定，给学生一个等级——通常是"优""良""合格""不合格"几个等级，这也是远远不够的。一篇好的作业是多项指标的综合体现，如果只注重解答过程正确与否，就不利于学生良好学习习惯的养成，不利于他们各种素质的全面发展。

为了便于学生了解自己作业的成败优劣，树立正确的舆论导向，我们可以采取分项评价的批改策略。把等级评价分项化，给学生作业一个公证、客观、全面的评价。我们可以用"A"代表"双基"评价，主要看解题过程中，依据是否合理，步骤是否完整，结果是否正确；"B"代表书面评价，主要看所用文字、符号（包括标点符号）、图形是否正确，书写是否整洁，作业格式是否规范；"C"代表创新评价，主要看解题思路和表达方式是否清晰简捷、具有独创性，有无超额完成作业的情况。教师在评价作业时就应该从 A、B、C 三项来分开打等级，当然相同的等级也可以合并，如学生作业的最高评价就可以是"ABC 优"。

三、让评语走入学生的数学作业本

有人说："教师的语言如钥匙，能打开学生心灵的窗户；如火炬，能照亮学生的未来；如种子，能深埋在学生的心里。"是的，只要是来自老师的，无论是一句赞美的话，一个赞许的微笑，一则善意的批评，学生阅读后，激起的是学习数学的内在动因，获得的是学好数学的信心，所以我们教师要让评语走入学生的数学作业本，让教师的话走进每一个学生的心灵，全面关注学生的发展，从内心深处赞赏、欣赏每一位学生，与之建成和谐的师生关系，使每个学生把作业当作与教师交流的机会，获得一种自我的满足与成功感，使学生获得知识的同时，体验理解、信任、友爱、尊重和鼓励。

所以教师要充分利用批改数学作业的机会和学生沟通，在学生的作业本上适当地写下简洁、灵活、富有启发性和激励性的评语，以激发学生的情感，开拓学生的思维，培养学生良好的学习品质。当然学生也可以通过作业本留言的方式把自己内心的讯息传递给老师。

1. 评语点拨，引导纠错

在批改数学作业时，当有学生出现观察、分析、计算或判断等方面的错误，教师要就地给予评语，一语道破存在的问题，先标出其错误之处，再在旁边写上适当的评语，比如："要找准表示单位'1'的量""思路正确，但此处计算有问题""注意混合运算的运算顺序"等等。这种评语可帮助学生在老师的提示下不仅找到错在哪里，而且知道为什么错、怎么改正，达到巩固提高的目的。经常运用这种方法批阅作业，有利于培养学生认真审题、正确计算、仔细检查等良好的学习习惯。评语在此时可以起到"四两拨千斤"的效果。

2. 评语启发，拓宽思路

批改数学作业时，教师不仅要留意学生解题的正误，更应注重充分挖掘习题的智力因素。应适时以精妙之语激起学生思维的浪花，启发学生拓宽思路、开发潜能、发展智力。例如，有多种解法的题而学生只采用了一种方法，对此，教师可以写上"是不是还可以尝试另外一种解法""爱动脑筋的你肯定还有其他路子""你肯定还有高招，因为你是我的骄傲"等评语。对于在某一道题上有自己独特的见解，解题依据充分，思路清晰，步骤完整的学生，老师就要认认真真地好好表扬一下了，写上一句"你与众不同的见解，真让人耳目一新，你真棒！老师都没想到这种做法，我向你学习""你的头脑真灵活，这种方法比老师的方法强多了"等等，这样能充分调动学生主动自觉学习的积极性，下次遇到难题时，他们才会高兴地迎难而上。教师要注重激发学生敢于创新的意识，促使他们大胆地去想去做，不断提高自主创新能力。

3. 评语激励，增强自信心

教师在批改作业时，在作业最后更应写上客观的激励性评语，以激发学生奋进。例如：字写得好，正确率高，解题有创意的作业，给予"你好棒！""太妙了！""Best!""Very good!"等评语，增强学生的信心和成就感。

对于作业的正确率很高，但书写质量差了一点的学生，就应该写"你很聪明，如果字再写得好一点，那就更好了""人们说一个人写的字是一个人的第二张脸，你有一张帅气的脸，我想你写的字也会和你一样帅气的"等评语。

对于因粗心而出现错误的学生，首先要肯定其除作业之外其他方面的长处，增强学生自信心，然后给予鼓励，再提出殷励希望，诸如"方法太好了，可要细心呀！""你的字写得可真漂亮，要是能提高正确率，那肯定是最棒的！""搬开你前进的绊脚石——粗心，奋勇前进！""希望你告别粗心，与细心交朋友""再细心一些，准行！"等纠错的建议。这样，一方面不打击其自信，另一方面使其纠正不良倾向，培养严谨的志治学态度。

当然，评语本身要简洁、明了、自然、亲切、实事求是，充满希望、富有启发性，这样才能得到良好的教学效果。

多元化作业个性化评价

山东省荣成市府新小学　姚军平

在过去的很长一段时间里，作业设计仅限于教材上的题型，造成了重复练习。作业评价通常只是一般意义上的作业批改，教师对学生作业的优劣掌有"生杀大权"，而作业批改的结果也具有一成不变的固有模式，如："√"或"×"，优或良，甲或乙，70 或 100。这样的作业设计带来的后果是学生对数学作业的极端厌恶，这样的评价方式也只能导致学生一味关心分数和等级，而对于自己作业中出现错误的原因轻描淡写，更不必说作什么深刻的反思了。有些学生非常反感作业本上醒目的大"×"，经常把作业偷偷扔进垃圾袋，更有甚者，干脆来个不写作业。这样下去，我们的数学教学还有什么乐趣可言，学生的数学成绩又怎能得到真正的提高呢？

因此，我们必须尽快改变这种传统的作业评价模式，以尊重学生的个体差异为出发点，设计具有鲜明层次性的数学作业，采取多元化的评价方式，让我们的数学教学重新焕发迷人的风采。

一、尊重学生个体差异，多角度设计数学作业

1. 作业内容具有鲜明的层次性

通常情况下，根据不同的学习能力与认知水平，可将学生分为好中差三个层次。如果作业的布置没有层次性，容易导致好的学生因作业重复简单而厌学，差的学生心有余而力不足。长此以往，学生就会失去完成作业的乐趣。因此，我们的作业设计要充分体现层次性，充分考虑每一层次学生的学习能力，做到尊重个体差异。

如，难度递进的作业模式：一般性练习—适当的拓展延伸—聪明驿站（智慧乐园）。一般性练习要求每个学生都必须完成，适当的拓展延伸适合中等以上的学生完成，聪明驿站则是为学习水平较高的孩子而设计。在布置作业时，要求学生根据自己的能力水平，除了一般性练习外，还可选择其他的拓展练习。完成基本性练习的可以得到满分，完成不同的拓展练习，有不同的星级评价。学习中等的学生也可尝试选择聪明驿站作业。这样学生就有了充分的作业选择权，调动了学生完成作业的积极性。

根据这种分层次的作业设计，我设计了这样一张作业评价表：

知识掌握情况	作业认真程度	特殊奖励	学生评价	教师评价
分　　数	优（良）	☆		分数＋优＋☆

其中作业认真程度的评价要根据学生的自身水平来设定标准。设计这样的作业评价使很多学习能力差一些的学生都能得到与优秀生同样的评价。这种多层次的作业设计和全方位的评价方式充分尊重了学生的个体差异，保护了学生的学习积极性。当然，这一切都必须建立在对学生充分了解的基础上，这就要求教师必须花大量的时间了解学生，真正做到对学生的情况了如指掌，这样才能正确地、恰如其分地做好评价，达到良好的评价效果。

2. 作业形式具有灵活性与实践性

课改后，教材的呈现形式更加丰富多彩，其中作业的设计也更为科学合理。除了充分利用教材内容布置作业外，在作业的形式上还要根据教材的特点和学生的学习能力进行变革。在原有的书面作业基础上，我又增加了多种形式，如说一说、摆一摆、做一做、搜集教学资料、自己反思阶段学习、写数学日记、设计数学手抄报、进行数学实际调查、进行数学实际应用等。

例如：在学习"百分数"这一章节时，我让学生回家完成这样一项作业——

煮大米。根据煮大米时水和米的百分比，完成一篇数学日记。可邀请家长作指导。

在这篇数学日记中，有的学生写道："今天，我知道了生活中处处有数学，也感受到了妈妈做饭的辛苦。虽然煮大米很简单，但是要煮好可不容易。"这样的作业不仅培养了学生的动手操作能力，也激发了学生热爱生活、关心他人的思想感情。

二、发挥评价的激励引导功能，让学生学会学习

1. 充分发挥评语的导向作用，激发学习兴趣

作业的批改不仅仅是知识的反馈过程，更应该是师生交流的平台，教师应通过作业的批改引导学生学会学习，养成良好的学习习惯。因此，在每次批改数学作业的时候，我不但认真填好评价表，同时也注重发挥评语的激励、引导、交流等功能。

通常我给学生的文字性评语大致分为三类：激励性评语、商榷性评语和期待性评语。对于优秀学生，我经常用这些语言："你实在太棒了，老师为你感到骄傲。""你被评为作业最认真的小明星。""批改你的作业，真是一种享受，谢谢你。""你的想法比老师的还要高明。""听到老师的喝彩声了吗？"……根据不同的情况，有时不便直接更正或改进，就适当地给学生一些提示，引导学生自己去更正。这时我会在更正处写下这样的话："相信你能自己发现题中的错误，不信找找看。""如果改变一下思路，这样做是不是更好？""把你的做法和其他同学交流一下，看看有什么收获？""老师讲的课，你听明白了吗？"……同时，我在作业批改中适当写下了一些期待性评语，效果也是很明显的，例如："欢迎下次继续光临智慧乐园。""虽然这次做错了题，但是老师还是要奖励你，因为你的字写得实在太漂亮了。""期待着你的进步。""你愿意再试着做一次吗？"……不要小看这些简单的评语，它们被孩子们尊若至宝。

2. 努力构建多元化的评价体系

（1）自评是自我反思、学会学习的捷径。评价的目的是帮助学生认识自我，树立信心。因此，在数学的学习过程中应采用多种评价形式，帮助学生

认识自我，学会学习。其中学生作业的自我评价在评价体系中尤为重要。学生的自我评价过程就是一个学习上的自我反思过程，它可以帮助学生认识自己的不足，帮助学生了解作业的难易度，或者把自己的疑问及时反馈给教师。在作业中，有的学生用不同数量的☆来表示自己对作业的满意程度；有的学生用笑脸与哭脸来表示作业的难易程度；还有的学生在自己不会的题目旁边打上一个问号，借以暗示需要得到老师的帮忙。这种自评行为是学生与教师之间的一种无声交流，也是学生学会学习的一条捷径。

（2）互评是互相学习、共同进步的阶梯。课标要求评价的主体多元化，其中互评在学生的学习中起着不可估量的促进作用。互评的过程是学生互相学习的过程。在互评的过程中，每个人都是评价者和被评价者，评价者能发现别人的优点，并把它当作自己学习的目标，同时也可以查找别人的不足，引以为鉴。学生掌握了评价权，也就等于掌握了学习的主动权。学生在评价别人的过程中，不断地积累经验，不断地提高自身的水平。有的同学在课堂上是这样评价的："×××的字写得非常好看。""×××做题一直非常认真。""×××的进步很大。""×××的第3小题不会做。"……还有的学生在别人的作业本上仿效老师的样子画上一些好看的小图案。学生之间互评作业既是一种有效学习过程，也为老师节省了时间，一举两得，何乐而不为呢？